연세 한국어 2-2

연세대학교 한국어학당 편

연세대학교 출판문화원

연세 한국어 2-2(영어판)

편저자 연세대학교 한국어학당 교재편찬위원회
집필진 김제열•전나영•이은경•장유진
발행 연세대학교 출판문화원

주소 서울시 서대문구 연세로 50
전화 02) 2123-3380~2
팩스 02) 2123-8673
ysup@yonsei.ac.kr
http://www.yonsei.ac.kr/press
등록 1955년 10월 13일 제9-60호
인쇄 (주)동국문화
본문 더그라프
삽화 디투웍스
녹음 (주)반도음반
성우 곽윤상•윤미나•전광주•홍소영

2013년 3월 5일 1판 1쇄 2024년 8월 19일 1판 12쇄
ISBN 978-89-97578-75-7(08710)
ISBN 978-89-97578-73-3 (세트)

값 20,000원 (CD포함)

PREFACE

Having the highest reputation in the Korean Language Education for more than 50 years, the Korean Language Institute of Yonsei University Language Research and Education Center has compiled a huge amount of textbooks to enhance the quality of the Korean Language Education. Recently, the demand for the Korean language has been increased by foreigners around the world as well as Koreans living out of the nation. For this reason, the demand of the learners about textbooks has become diverse, too. Therefore, the Korean Language Institute of Yonsei University Language Research and Education Center publishes a new set of textbooks for the various learners to learn the Korean Language and Korean culture.

The textbooks published by the Korean Language Institute of Yonsei University Language Research and Education Center are classified into three parts: 'Yonsei Korean 1' and 'Yonsei Korean 2' for beginners, 'Yonsei Korean 3' and 'Yonsei Korean 4' for intermediates, and finally 'Yonsei Korean 5' and 'Yonsei Korean 6' are for advanced learners. Each book is composed to develop the communicative function which is required according to the capability of the Korean usage.

This set of 'Yonsei Korean' is an integrated textbook, made up of various kinds of tasks and activities as well as focused practices of vocabulary and grammar to enhance all of the four communicative skills like listening, speaking, reading and writing. Based on the interesting topics and situations, learners can learn Korean, performing a lot of communicative functions.

We strongly believe that the 'Yonsei Korean' would be very helpful to all of the Korean learners hoping to master the Korean language as well as those in the Korean Language Institute of Yonsei University Language Research and Education Center.

Yonsei University Language Research and Education Center
Korean Language Institute
Compilation Committee

일러두기

- '연세 한국어 2'는 한국어를 배우려는 성인 교포와 외국인을 위한 기초 단계의 책으로 초급 단계에서 꼭 알아야 할 주제를 중심으로 썼으며 이와 함께 필수적인 어휘와 문법, 문화와 사고방식을 소개함으로써 한국에 대한 이해를 넓히고자 하였다. 내용은 총 10개의 과로 이루어져 있으며, 각 과는 5개의 항으로 이루어져 있다.

- '연세 한국어 2'에는 8명의 주요 인물들이 등장하며 이들 등장인물들의 일상생활을 중심으로 본문의 대화 내용을 구성하였다.

- 교재의 구성은 과 제목과 함께 과의 내용을 제목 밑에 표로 제시하였는데, 표에는 각 항의 제목과 기능, 어휘, 문법, 문화를 제시하여 각 과에서 다룰 내용을 한 눈에 알아보기 쉽게 하였다. 그리고 마지막 항은 복습에 해당하는 항으로 '정리해 볼까요?'라는 이름으로 그 과에서 다룬 발음, 어휘, 문법, 기능 등을 복습할 수 있도록 하였다. 문화 부분은 각 과의 내용과 관련된 내용을 선정하여 '리에가 본 한국'이라는 이름으로 외국인의 눈에 비친 한국의 문화를 가볍게 설명하는 식으로 다루었다.

- 각 과의 제목은 주제에 해당하는 명사로 제시하였으며, 각 항의 제목은 본문 대화 부분에 나오는 중요 문장으로 제시하였다.

- 각 항은 제목, 학습 목표, 삽화와 도입 질문, 본문 대화, 어휘, 문법 연습, 과제, 대화 번역, 문법 설명의 순서로 구성되어 있다.

- 학습 목표에는 학습자들이 학습해야 할 의사소통적 기능과 어휘, 문법을 제시하였다.

- 도입 질문은 주제와 기능을 쉽게 이해할 수 있는 삽화와 함께 제시하여 학습자로 하여금 주제와 기능에 대한 흥미와 호기심을 가질 수 있도록 하였다.

- 본문 대화는 각 과의 주제와 관련된 가장 전형적이고 대표적인 대화 상황을 설정하고자 하였으며 각각 3개의 대화쌍으로 구성하였다.

- 어휘는 각 과의 주제나 기능과 관련된 어휘 목록을 선정하여 제시하고 연습 문제를 통해 확인하도록 하였으며, 과제에 나오는 새 단어는 과제 밑에 번역을 붙였다. '연세 한국어 2'에서 새로 다룬 단어는 903개이다.

- 문법 연습은 각 과에서 다루어야 할 핵심 문법 사항을 각 항마다 2개씩 추출하여 연습 문제의 형태로 제시하였다. 그리고 문법 설명 부분에서 해당 문법에 대해 설명하고 예문을 제시하였다.

- 과제는 학습 목표에서 제시한 의사소통 기능에 부합되는 것으로 각 항마다 2개를 제시하였다. 특히 과제 1은 각 항에서 다룬 주요 문법을 활용하여 기능과 관련된 활동을 하는 것이고, 과제 2는 어휘나 문법적 통제 없이 핵심 기능을 총체적으로 수행하는 활동으로 구성하였다. 과제에서는 말하기, 듣기, 읽기, 쓰기의 네 기능을 적절히 제시하였다.

- 각 항의 마지막 부분에는 대화 번역문과 문법 설명을 제시하였다.

- 문화는 각 과의 끝 부분에 실었는데 일본인 리에가 한국의 문화를 간단히 설명하는 식으로 기술하였다. 또 자기 나라의 문화와 비교해 보거나 자신의 경우를 말하게 하는 등 지식에 그치지 않고 스스로에게 적용해 볼 수 있도록 하였다.

- 색인에서는 각 과에서 다룬 문법과 어휘를 가나다 순으로 정리하였으며 해당 본문의 과와 항을 함께 제시하였다.

INTRODUCTION

- 'Yonsei Korean 2' is a basic level textbook for foreigners and adult overseas Koreans. As such, its contents are based on topics essential in elementary level. Also, by introducing essential vocabularies, grammar, and Korean culture and the Korean way of thinking, we attempted to extend the understanding of Korea. It is composed of 10 units and each unit contains 5 lessons.
- There are 8 main characters appear in 'Yonsei Korean 2' and dialogues are related to the everyday life of these characters.
- Table of contents is presented below the title of each unit. Table of contents shows the title, vocabulary, grammar, task, and culture so that students can have a good grasp of what is to be studied. The last lesson of each unit is 'Let's Review.' It is a review of pronunciation, vocabulary, grammar, and function covered in the unit. In the 'Culture' section, topics related to each unit are presented. Korean culture from the view point of foreigners is easily explained under the title of 'Korea as Rie sees it.'
- The title of each unit is a noun related to the content. The title of each lesson is a topic sentence from the dialogue.
- Each lesson is composed in the order of the title, objectives, illustration and introductory questions, dialogue, vocabulary, grammar practice, task, dialogue translation and grammar explanation.
- The objectives of each unit introduce the communicative functions, vocabularies, and grammars, which are to be studied.
- Introductory questions are presented along with a picture that helps student understand the topic and functions to promote the interest and motivation to the topic and functions of each unit.
- For dialogues, we attempted to choose the most typical and representative situation related to the topic of the unit. Dialogues of each lesson are composed of 3 question-and-answer sets.
- Vocabulary list related to the topics and functions of each unit is provided along with the practice questions for check-up. New words from the task section is translated separately below the task. Vocabulary covered in 'Yonsei Korean 2' is 903 words.
- In 'Grammar Practice', the core grammar of the lesson is presented. Two grammatical patterns of each lesson are presented through simple exercise questions. In 'Grammar Explanation', each pattern is explained along with example sentences.
- Task is composed of activities adequate for each lesson's communicative objectives. Two related task activities are presented for each lesson. Task 1 is to elicit the actual usage of the core grammars through activities related to the functions. Task 2 is composed of activities which encourage students in overall practice of core functions without the control-quidance of vocabularies or grammars. In task section, functions of speaking, listening, reading, and writing is combined to the purpose.
- English translation of the dialogues and script for listening practice is presented in the end of each lesson.
- Korean cultural information is treated in the end of each unit. It is presented in a way that, Rie, a Japanese student, gives a simple explanation of Korean culture. We encouraged students to make the comparison with his/her home culture and to talk about his/her own situation for the actual use of the knowledge.
- Index presents the list of vocabulary covered in each units in alphabetical order, including the page number in which they are used.

차례

2-1

2-2

CONTENTS

2-1

2-2

내용 구성

제목	소제목	과제	어휘	문법	문화
01 소개	도움이 필요하면 언제든지 말씀하세요	공식적인 자리에서 소개하기	직장 관련 어휘	-기 때문에 이든지	촌수
	이 회사에서 일한 지 얼마나 되셨습니까?	개인적인 자리에서 소개하기	전공 관련 어휘	-은 지 -는데[1] (+의문형)	
	이젠 한국 생활에 많이 익숙해졌습니다	친구, 가족 소개하기	친척 관련 어휘	-어지다[1] -으려고	
	가족도 만나고 친구들도 만나서 좋았겠군요	고향 소개하기	장소 관련 어휘	-어하다 -겠군요	
02 한국 음식	설렁탕을 먹어 봤어요?	음식 먹는 법 설명하기	식사 관련 어휘	-어 보다[1] (경험) -어야 하다	한국의 장맛
	닭갈비를 먹어 본 적이 있어요?	음식 소개하기	음식 이름 어휘	-은 적이 있다 -는데[2] (도입)	
	김치찌개는 어떻게 만들어요?	요리법 설명하기	요리 관련 어휘	부터 -게	
	밥그릇을 들고 먹으면 안 돼요	식사 예절을 알고 말하기	상차림 관련 어휘	-어도 되다 -으면 안 되다	
03 시장	물건이 좋기는 하지만 값이 너무 비싸요	백화점에서 물건사기	백화점 이용과 관련된 어휘	-을까 하다 -기는 하지만	한국의 시장
	이거 입어 봐도 돼요?	시장에서 물건사기	옷의 종류와 특징 관련 어휘	-어 보다[2] (시도) -는데[3] (+명령형)	
	계산은 카드로 하겠습니다	슈퍼마켓에서 물건사기	생활필수품 관련 어휘	으로 하다 -어도	
	광고를 보니까 10만 원짜리가 좋을 것 같아요	물건 주문하기	축하 선물 관련 어휘	-으니까(발견) -었으면 좋겠다	
04 초대	몇 명만 초대해서 저녁이나 같이 먹으려고 해	생일에 초대하기	생일 파티 관련 어휘	반말: -어, 이야 이나[1] (+동사)	특별한 날의 선물
	같이 초대할지 따로 초대할지 결정해	집들이에 초대하기	집 관련 어휘	반말: -지 마 -을지 -을지	
	결혼 준비 때문에 바쁘겠구나	결혼식에 초대하기	결혼식 관련 어휘	반말: -는다, -니?, -어라, -기로 하다	
	꽃다발은 내가 사 가지고 갈게	모임에 초대하기	모임 관련 어휘	반말: -자 -어 가지고	
05 교통	놀이 공원에 어떻게 가는지 아세요?	교통편 묻기	교통편 관련 어휘	-는지 알다/모르다 으로(선택)	서울의 버스
	경복궁역에 가려면 몇 번 버스를 타야합니까?	버스 이용하기	버스 관련 어휘	-으려면 이나[2]	
	밖으로 나갔다가 다시 들어오셔야 합니다	지하철 이용하기	지하철 관련 어휘	-었다가 -나요?	
	가까워 보이는데 버스를 타야 합니까?	길 묻기	교통 표지판 관련 어휘	-어 보이다 -다가	

제목		소제목	과제	어휘	문법	문화
06	공공 기관	한국 종교에 대해서 알아보려고 왔어요	도서관 이용하기	도서관 관련 어휘	에 대해서 -을지 모르겠다	출입국관리 사무소
		지난주에 비해서 조금 떨어졌어요	은행 이용하기	은행 관련 어휘	-는 동안 에 비해서	
		비싸지 않습니다만 보험에 들게요	우체국 이용하기	우체국 관련 어휘	-거나 -습니다만	
		재학 증명서를 내지 않으면 안 돼요	출입국관리 사무소 이용하기	출입국 관련 어휘	-어 있다 -지 않으면 안 되다	
07	전화	연극을 보자고 하는데 같이 갈래요?	전화로 약속하기	통화 관련 어휘	간접인용: -자고 하다 -을래요?	재미있는 전화번호
		전화해서 어디냐고 물어봐야겠다	전화 내용 듣기	휴대 전화 관련 어휘	간접인용: -는다고 하다, 이라고 하다, -냐고 하다 -어야겠다	
		약속을 지키지 못하게 되었어요	전화로 약속 취소하기	약속 관련 어휘	-게 되다 간접인용: -으라고 하다	
		돌아오는 대로 전화 좀 해 달라고 전해 주세요	메시지 남기기	음성메시지 관련 어휘	-는 대로 간접인용: 달라고/주라고 하다	
08	병원	낫지 않으면 다시 오세요	배탈 증세 말하기	배탈 증세 관련 어휘	에다가 ㅅ 동사	병문안
		목이 아픈데다가 콧물도 나요	감기 증세 말하기	감기 증세 관련 어휘	-는 데다가 -지 말고	
		약을 사기 위해서는 처방전이 있어야 합니다	약국 이용하기	약 관련 어휘	-기 위해서 아무	
		환자가 얼마나 많은지 몰라요	병원 이용하기	병원 관련 어휘	얼마나 -는지 모르다 -나 보다	
09	여행	지난 여름에 갔던 동해 바다가 제일 기억에 남아요	여행 경험 말하기	여행의 종류 관련 어휘	밖에 -었던	한국의 관광지
		경주는 신라의 수도였지요?	여행 계획하기	여행 준비 관련 어휘	의 -던	
		저희 호텔만큼 전망 좋은 호텔은 없습니다	여행 예약하기	예약 관련 어휘	만에 만큼	
		저는 겨울에 갔는데 한국보다 따뜻하더군요	여행지 추천하기	여행지 관련 어휘	-어서 그런지 -더군요	
10	집안일	보증금은 적으면 적을수록 좋습니다	집 구하기	집 구하기 관련 어휘	접속사 -으면 -을수록	쓰레기 분리
		포장이사를 하면 아무 일도 안 하는 줄 알았어	이사 계획하기	이사 관련 어휘	-는 줄 알다 처럼	
		음악을 들으면서 청소할까?	집안일 설명하기	집안일 관련 어휘	덕분에 -으면서	
		화요일까지 해 드릴 테니까 그때 오세요	세탁소 이용하기	세탁소 관련 어휘	-어지다[2] -을 테니까	

CONTENTS MAP

	Topic	Title	Task	Vocabulary	Grammar and Patterns	Culture
01	Introduc tion	Tell me whenever you need a help.	Introducing a person in an official occasions.	Job-related vocabularies	-기 때문에 이든지	Family relations
		How long have you been working at this company?	Introducing a person in a private occasions.	Major- related vocabularies	-은 지 -는데[1] (+interrogative)	
		I am used to Korean life now.	Introducing friends, and family.	Family- related vocabularies	-어지다[1] -으려고	
		It must have been good that you met your family and friends.	Introducing hometown	Place-related vocabularies	-어하다 -겠군요	
02	Korean Food	Have you eaten Sulreontang?	Describing how to eat food	Meal-related vocabularies	-어 보다[1] (experience) -어야 하다	Taste of Korean Sauce
		Have you ever eaten Takgalbi?	Introducing food	Food name -related vocabularies	-은 적이 있다 -는데[2] (introduction)	
		How to make Kimchichigae?	Explaining recipe	Recipe-related vocabularies	부터 -게(adverb)	
		You should not hold a rice bowl up when eating.	Understanding table manner and talking about it	Table setting-related vocabularies	-어도 되다 -으면 안 되다	
03	Market	Things are good but it is too expensive.	Buying at a department store	Visiting department store -related vocabularies	-을까 하다 -기는 하지만	Korean Market
		Can I try it on?	Buying at a market	clothing types and characteristics-related vocabularies	-어 보다[2] (trial) -는데[3] (+imperative)	
		I'll pay by card.	Buying at a supermarket	The necessities -related vocabularies	-으로 하다 -어도	
		I guess 100,000 won one would be good from the advertisement.	Ordering items	Congratulation gifts -related vocabularies	-으니까(discovering) -었으면 좋겠다	
04	Invitation	I would like to invite a couple of friends to dinner.	Inviting to your birthday party	Birthday Party -related vocabularies	Intimate Style: -어, 이야 이나[1] (+action verb)	Gift for Special Occasions
		You should decide whether to invite then together or seperately.	Inviting to your house warming party	House -related vocabularies	Intimate Style: -지 마 -을지 -을지	
		You should be busy preparing for your wedding.	Inviting to your wedding	Wedding -related vocabularies	Intimate Style: -는다,-니?, -어라, -기로 하다	
		I'll buy a bunch of flowers.	Inviting to your meeting	Meeting occasions -related vocabularies	Intimate Style: -자 -어 가지고	
05	Trans portation	Do you know how to get to the amusement park?	Asking transportation	Traffic-related vocabularies	-는지 알다/모르다 으로(selection)	Buses in Seoul
		Can you tell me which bus number should I take to go Kyeongbokgoong?	Using bus	Bus-related vocabularies	-으려면 이나[2]	
		You have to go outside and enter again.	Using subway	Subway-related vocabularies	-었다가 -나요?	
		It looks close. Do I have to take a bus?	Asking directions	Sign board-related vocabularies	-어 보이다 -다가	

	Topic	Title	Task	Vocabulary	Grammar and Patterns	Culture
06	Public Facility	I came to know about religions in Korea.	Using library	Library-related vocabularies	에 대해서 -을지 모르겠다	Immigration Office
		It dropped a little than the last week.	Using bank	Bank-related vocabularies	-는 동안 에 비해서	
		They are not expensive but I'd like to get insurance.	Using post office	Post office-related vocabularies	-거나 -습니다만	
		You must submit your certificate of studentship.	Using Immigration Office	Immigration-related vocabularies	-어 있다 -지 않으면 안 되다	
07	Telephone	They proposed to go to a play, would you like to come?	Making appointment through telephone	Phone call-related vocabularies	Indirect Speech:-자고 하다 -을래요?	Interesting Phone Numbers
		I should call and ask where she is.	Listening to a phone conversation	Mobile phone-related vocabularies	Indirect Speech: -는다고 하다, -이라고하다, -냐고 하다 -어야겠다	
		I won't be able to keep our appointment	Cancelling appointment through phone	Appointment-related vocabularies	-게 되다 Indirect Speech: -으라고 하다	
		Can you pass her a message to call me back as soon as she returns?	Leaving a message	Voice mail-related vocabularies	-는 대로 Indirect Speech: -달라고/주라고 하다	
08	Hospital	Come back if it doesn't get better.	Explaining your symptoms related to stomachache	Stomachache-related vocabularies	에다가 ㅅverb	Visiting Sick People
		I have a sore throat and a running nose as well.	Explaining your symptoms related to cold	Cold and flu-related vocabularies	-는 데다가 -지 말고	
		You have to have a prescription to buy medicine.	Going to a pharmacy	Medicine-related vocabularies	-기 위해서 아무	
		You wouldn't know how many patients he has.	Going to hospital	Hospital-related vocabularies	얼마나 -는지 모르다 -나 보다	
09	Traveling	I remember the East Sea the most where I went last summer.	Talking about travel experiences	Kinds of travelling	밖에 -었던	Tourist Destinations in Korea
		Gyeongju was the capital city of Shila, wasn't it?	Planning for traveling	The preparation for traveling-related vocabularies	의 -던	
		There isn't any better place with a nice view as our hotel.	Making a reservation for traveling	Reservation-related vocabularies	만에 만큼	
		I went there in winter but it was warmer than Korea.	Suggesting traveling places	Travel places-related vocabularies	-어서 그런지 -더군요	
10	House Chores	The smaller key money as possible is the better.	Finding a house	Finding a house -related vocabularies	conjunction -으면 -을수록	Separate Garbage-Collection
		I thought we don't do anything when we call a moving company.	Planning to move	Moving-related vocabularies	-는 줄 알다 처럼	
		Should we clean our house while listening to the music.	Explaining house chores	House chores-related vocabularies	덕분에 -으면서	
		I'll get your laundry done by Tuesday so please come then.	Using a laundromat.	Laundromat-related vocabularies	-어지다[2] -을 테니까	

제6과 공공기관

01
제목 | 한국 종교에 대해서 알아보려고 왔어요
과제 | 도서관 이용하기
어휘 | 도서관 관련 어휘
문법 | 에 대해서, -을지 모르겠다

02
제목 | 지난주에 비해서 조금 떨어졌어요
과제 | 은행 이용하기
어휘 | 은행 관련 어휘
문법 | 에 비해서, -는 동안

03
제목 | 비싸지 않습니다만 보험에 들게요
과제 | 우체국 이용하기
어휘 | 우체국 관련 어휘
문법 | -거나, -습니다만

04
제목 | 재학 증명서를 내지 않으면 안 돼요
과제 | 출입국관리 사무소 이용하기
어휘 | 출입국 관련 어휘
문법 | -어 있다, -지 않으면 안 되다

05
정리해 볼까요?

- 리에가 본 한국
출입국관리 사무소

01 한국 종교에 대해서 알아보려고 왔어요

학습 목표 ● 과제 도서관 이용하기 ● 문법 에 대해서, -을지 모르겠다 ● 어휘 도서관 관련 어휘

여기는 어디입니까?
여러분은 이곳에서 무엇을 합니까?

CD2:01~02

미선 마리아 씨, 공부하러 오셨어요?

마리아 네, 한국 종교에 대해서 알아보려고 왔어요.

미선 그럼, 2층 자료실로 가시면 돼요.

마리아 러시아어로 된 책도 있을까요?

미선 아마 있을 거예요. 먼저 컴퓨터로 검색을 해 보세요.

마리아 월요일까지 보고서를 내야 되는데 자료가 있을지 모르겠어요.

종교 religion
알아보다 to find out
검색 search
보고서 report
자료 materials/resources

어휘

01 도서관에서 무엇을 합니까?

02 빈칸을 채우십시오.

우리 학교 도서관에 들어가려면 (　　　　　)이/가 있어야 합니다.
도서관으로 들어가면 층마다 (　　　　　)이/가 있습니다.
그곳에서 학생들이 (　　　　　)고 공부도 합니다.
책을 빌리려면 먼저 그 책이 도서관에 있는지 없는지 검색을 해야 합니다.
제가 찾는 책을 다른 사람들이 빌려서 없을 때에는 예약을 합니다.
그러면 다음에 제가 그 책을 빌릴 수 있습니다.
학생들은 한 달 동안 책을 빌릴 수 있습니다.
책을 빌리면 한 달 안에 (　　　　　)어야/아야/여야 합니다.
빌린 책을 제 시간에 반납하지 않으면 (　　　　　)을/를 내야 합니다.

문법 연습

에 대해서

01 대화를 완성하십시오.

[보기] 가 : 대학교에서 무엇을 공부하고 있어요?
나 : 저는 한국 역사에 대해서 공부하고 있어요.

1) 가 : 친구들과 만나면 무엇에 대해서 이야기해요?
나 : ______________________

2) 가 : 사람을 처음 만나면 무엇에 대해서 질문해요 ?
나 : ______________________

3) 가 : 인터넷으로 무엇에 대해서 자주 알아봐요?
나 : ______________________

4) 가 : 앞으로 무엇에 대해서 더 공부하고 싶어요?
나 : ______________________

5) 가 : 누구에 대해서 더 알고 싶어요?
나 : ______________________

-을지/ㄹ지 모르겠다

02 그림을 보고 이야기를 완성하십시오.

[보기]

내일이 친구 생일이어서 책을 샀습니다.
친구가 이 선물을 좋아할지 모르겠어요.

❶

저는 이번에 대학교를 졸업합니다.

____

❷

저는 좋아하는 사람이 생겼습니다.

____

❸

부모님께 급한 소포를 보내야 합니다.

____

❹

2시에 회의가 시작됩니다.

____

❺

외국 친구들을 우리 집에 초대했습니다.

____

과제 1 듣기 [CD2:3]

사람들이 무엇에 대해서 이야기합니까?

[보기] 도서관 이용 시간에 대해서 이야기합니다.

1) ______

2) ______

3) ______

4) ______

5) ______

과제 2 말하기

도서관에서 다음의 일을 해 봅시다.

[보기] 찾고 있는 책이 없어서 도서관 직원에게 그 책을 신청합니다.

학생 : 실례지만 여기 만화로 된 한국 문화 책이 있어요?
도서관 직원 : 그런 책은 없어요.
학생 : 그래요? 그럼 어떻게 해야 돼요?
도서관 직원 : 신청을 하시면 저희가 준비해 드리겠습니다.
학생 : 신청을 하고 싶은데 어떻게 해야 돼요?
도서관 직원 : 여기에 책 이름과 출판사를 쓰세요.
학생 : 이렇게 쓰면 돼요?
도서관 직원 : 네, 좋습니다.

1) 도서관에 들어가려고 하는데 학생증을 가지고 오지 않았습니다.
도서관 직원과 이야기해 봅시다.

학생 :

도서관 직원 :

학생 :

도서관 직원 :

학생 :

도서관 직원 :

2) 도서관에서 책을 빌렸는데 반납일보다 10일이 늦었습니다.
도서관 직원과 이야기해 봅시다.

3) 도서관에서 빌린 책을 잃어버렸습니다.
도서관 직원과 이야기해 봅시다.

신청하다 request **만화** cartoon **출판사** publisher **반납일** returning date

Dialogue

Miseon Maria, are you here to study?

Maria Yes. I came to find out about religions in Korea.

Miseon Then, you can go to the second floor, the resource room.

Maria Would there be any books in Russian?

Miseon Maybe there are. Try searching on the Internet first.

Maria I have to hand in my report by Monday but I am not sure whether there are materials.

문법 설명

01 에 대해서

It is used with a noun and shows a performance by possessing a content related to the noun. It is often used as '에 대해서', or '에 대한'.

• 친한 친구에 대해서 발표해 봅시다.	Let's talk about your close friends.
• 저는 환경 문제에 대해서 이야기 하겠습니다.	I'll talk about environmental problems.
• 저는 가족에 대해서 한 번도 말하지 않았습니다.	I have never talked about my family.
• 선생님께서는 학기말 시험에 대해서 설명하셨어요.	My teacher explained about a final term exam.

02 -을지/ㄹ지 모르겠다

It is used together with a verb to express concern about the situation which is not absolute.

- 주말이어서 표가 있을지 모르겠어요. I am not sure whether there are ticket because it's the weekends.
- 연락을 했지만 다 참석할지 모르겠습니다. I called everyone but I am not sure they are all attending.
- 사전이 너무 많아서 어느 것이 좋을지 모르겠어요. I don't know which dictionary is good because there are too many kinds.
- 눈이 많이 와서 차가 제시간에 도착할지 모르겠어요. I don't know whether the bus can arrive on time because it snowed a lot.

02 지난주에 비해서 조금 떨어졌어요

학습 목표 ● 과제 은행 이용하기 ● 문법 에 비해서, -는 동안 ● 어휘 은행 관련 어휘

여기는 어디입니까?
여기에서는 무엇을 할 수 있습니까?

CD2:04~05

제임스 환전을 하려고 하는데요.

은행원 어느 나라 돈을 바꾸실 거예요?

제임스 달러를 원으로 바꾸려고 합니다. 환율이 어떻게 됩니까?

은행원 지난주에 비해서 조금 떨어졌어요.
이 서류에 이름과 여권 번호를 적으세요.

제임스 두 가지만 쓰면 됩니까?

은행원 네, 처리하는 동안 잠시만 기다려 주십시오.

환전 currency exchange
환율 exchange rate
떨어지다 to drop down
서류 document
처리하다 to process

어휘

01 사람들이 은행에서 무엇을 하고 있습니까?

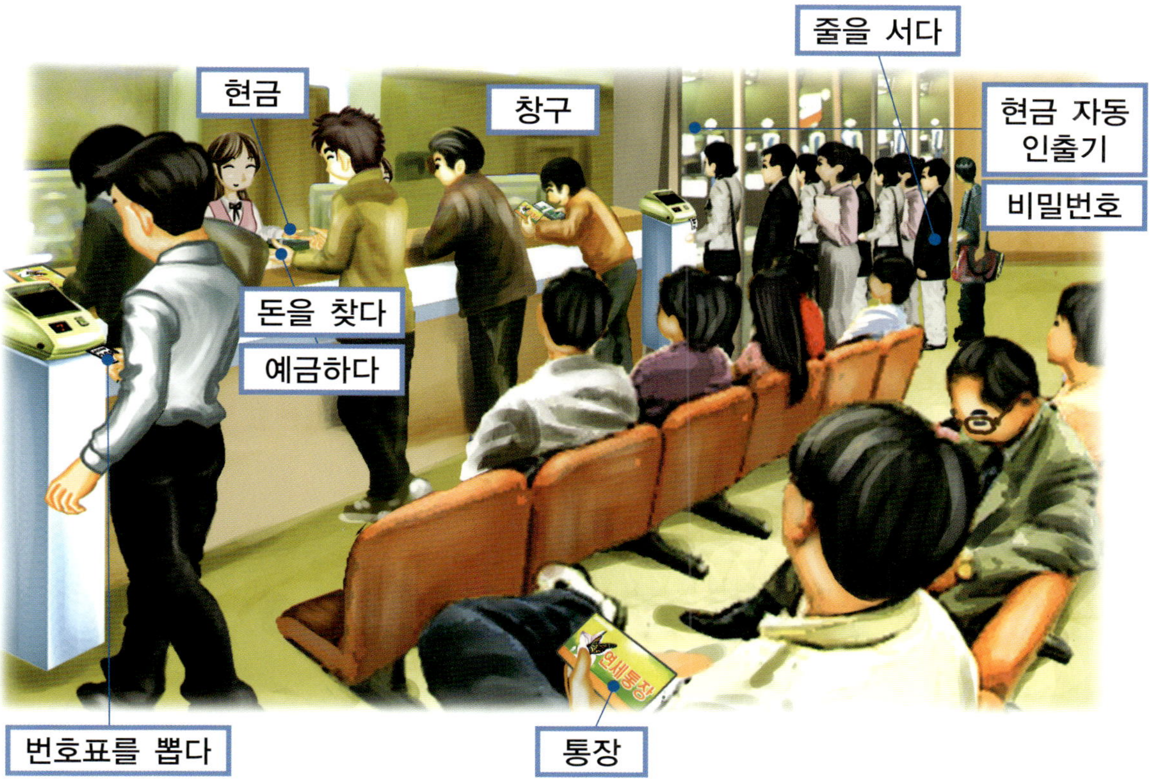

02 빈칸을 채우십시오.

은행에 가서 (   )을/를 만들려면 신분증이 있어야 합니다.

필요하지 않은 돈은 집에 두지 않고 (   ).

현금이 필요할 때는 언제든지 (   )을/ㄹ 수 있습니다.

은행에 들어가면 먼저 (   )고 차례를 기다립니다.

의자에 앉아 있다가 번호가 나오면 (   )으로/로 갑니다.

현금 카드가 있으면 (   )에서 쉽게 돈을 찾을 수 있습니다.

다른 사람이 현금 자동 인출기를 사용하고 있으면 노란선 뒤에서 (   )어야/아야/여야 합니다.

다른 사람의 비밀번호를 보면 안 되니까요.

문법 연습

에 비해서

문장을 만드십시오.

[보기]

서울에 비해서 대구가 더 더워요.

❶

❷

❸

❹

❺

-는 동안

02 두 문장을 연결하십시오.

[보기] 아이가 잡니다 / 엄마가 집안일을 합니다
➔ 아이가 자는 동안 엄마가 집안일을 합니다.

1) 영화를 봅니다 / 휴대 전화를 꺼 놓으세요.

➔

2) 직원들이 회의를 합니다 / 밖에서 기다려 주세요.

➔

3) 한국에서 삽니다 / 한국 친구를 많이 사귀고 싶어요.

➔

4) 언니가 음식을 준비합니다 / 우리는 방을 정리합니다.

➔

5) 대학교에 다닙니다 / 여러 가지 아르바이트를 했습니다.

➔

과제 1 쓰고 말하기

어느 은행에 가겠습니까?

시민은행	국제은행
• 거리 : 집에서 5분 거리	• 거리 : 집에서 15분 거리
• 이자 : 3%/1년	• 이자 : 4%/1년
• 환율 : 살 때–1,050원/1달러 팔 때–1,000원/1달러	• 환율 : 살 때–1,030원/1달러 팔 때–980원/1달러
• 송금 수수료 : 1,000원	• 송금 수수료 : 800원
• 기다리는 시간 : 보통 3분	• 기다리는 시간 : 보통 20분

[보기]

돈을 찾을 때

저는 돈을 찾을 때 시민은행에 가겠어요.
국제은행에 비해 집에서 가깝고 기다리는 시간이 짧기 때문이에요.

1) 예금할 때

2) 송금할 때

3) 환전할 때

4) 공과금(전기 요금, 가스 요금, 휴대 전화 요금)을 낼 때

거리 distance **이자** interest **송금** to transfer money **수수료** fee **공과금** public utilities fees **전기** electricity **가스** gas

과제 2 말하기

은행에서 다음의 일을 해 봅시다.

[보기] 통장을 만들려고 합니다. 은행원과 이야기 해 보세요.

필요한 것: 도장, 신분증

은행원 : 무엇을 도와 드릴까요?
손님 : 통장을 만들려고 하는데요.
은행원 : 이 서류에 이름과 주소를 쓰고 신분증과 도장을 주세요.
손님 : 이렇게 쓰면 돼요?
은행원 : 네, 좋습니다.
손님 : 신분증은 운전 면허증도 됩니까?
은행원 : 그럼요. 그리고 도장을 주세요.
손님 : 도장요? 안 가지고 왔는데 어떻게 하죠?
은행원 : 그럼 여기에 서명을 해 주세요.
손님 : 됐습니까?
은행원 : 네, 됐습니다. 더 하실 건 없으세요?
손님 : 네.
은행원 : 감사합니다. 안녕히 가십시오.

1) 카드를 잃어 버렸습니다. 은행원과 이야기해 봅시다.

필요한 것 : 통장 계좌 번호, 신분증, 수수료 1500원

은행원 : ____________________

손님 : ____________________

은행원 : ____________________

손님 : ____________________

은행원 : ____________________

손님 : ____________________

은행원 : ____________________

2) 여러분의 나라로 돈을 보내려고 합니다. 은행원과 이야기해 봅시다.

필요한 것 : 받는 사람의 통장 계좌 번호, 받는 사람의 이름(영어)

도장 stamp **신분증** identification card **운전 면허증** driver's license **계좌 번호** bank account number

Dialogue

James	I would like to change money.
Staff	Which currency are you going to exchange?
James	I am going to change dollars to won. What is the exchange rate?
Staff	It dropped down a little than last week. Please write down your name and a passport number.
James	Is it ok to write only two things?
Staff	Yes, please wait a moment while it is processing.

01 에 비해서

It is used together with a noun to show a standard of a comparison.

- 이번 달은 지난 달에 비해서 손님이 많습니다. — There are more customers this month compared to the last month.
- 우리 회사는 다른 회사에 비해서 출근 시간이 빠릅니다. — The work starts earlier in my company compared to other companies.
- 학생 수에 비해서 교실이 좀 작은 것 같아요. — A classroom seems a bit small compared to the number of students.
- 우리 동네 시장은 물건값에 비해서 질이 좋아요. — The quality of products in the market in our town are good for the price.

02 -는 동안

It is used with an action verb and it shows that the performance in the second clause is done while the performance in the first clause is occurred.

• 친구가 운전하는 동안 저는 옆자리에서 잤어요.	I slept sitting next while my friend was driving.
• 선생님이 설명하시는 동안 학생들이 열심히 메모를 합니다.	Students write down the memo strenuously while a teacher was explaining.
• 집에서 쉬는 동안 책을 많이 읽을 거예요.	I am going to read a lot of books while I am home.
• 한국에 사는 동안 좋은 친구를 많이 사귀었습니다.	I made many friends while I lived in Korea.

It is also used with a noun indicating duration.

• 1주일 동안 비가 왔어요.	It rained for a week.
• 방학 동안 일본에 갔다가 올 거예요.	I will visit Japan during the vacation.

03 비싸지 않습니다만 보험에 들게요

학습 목표 ● 과제 우체국 이용하기 ● 문법 -거나, -습니다만 ● 어휘 우체국 관련 어휘

리에 씨가 어디에 있습니까?
여러분은 이곳에서 무엇을 했습니까?

CD2:06~07

리에 일본에 소포를 보내려고 합니다.

직원 저울에 물건을 올려 놓으세요.

리에 물건이 없어지거나 이상이 생기면 어떻게 합니까?

직원 비싼 물건이면 보험에 드세요.

리에 비싸지 않습니다만 잃어버리면 안 되니까 보험에 들게요.

직원 보험료까지 모두 삼만 원입니다.

소포 parcel
저울 scale
이상 problem abnormality
생기다 to occur
보험에 들다 to get insurance

어휘

01 편지와 소포를 어떻게 보냅니까?

항공편

택배

특급 우편

배편

국제 특급

등기

02 빈칸을 채우십시오.

편지를 보내려면 편지 봉투에 받는 사람과 보내는 사람의 주소를 쓰고 우표를 붙여야 합니다. 편지를 빨리 보내고 싶으면 (   )으로/로 보내십시오. 보통 우편보다 하루나 이틀 빨리 도착합니다.
우체국에 갈 시간이 없는 사람은 우체국 (   )을/를 이용하면 됩니다. 우체국 직원이 집까지 직접 와서 우편물을 가지고 가기 때문에 참 편리합니다.
중요한 소포나 편지는 등기로 보내면 좋습니다.
등기로 보낸 편지는 받는 사람이 직접 받아야 합니다.
외국으로 우편물을 보낼 때는 보통 (   )으로/로 보냅니다. 배편보다 시간이 적게 걸리기 때문입니다. 급한 물건을 (   )으로/로 보내면 미국에 2, 3일 안에 도착합니다.

문법 연습

-거나

01 대답을 쓰십시오.

[보기] 가 : 시간이 있으면 뭘 하세요?
나 : 운동을 하거나 책을 읽어요.

1) 가 : 친구들을 만나면 뭘 하세요?
나 :

2) 가 : 잠이 오지 않을 때 뭘 해요 ?
나 :

3) 가 : 감기에 걸리면 어떻게 하세요?
나 :

4) 가 : 언제 행복하세요?
나 :

5) 가 : 학교에서는 어떤 친구들이 인기가 있어요?
나 :

-습니다만/ㅂ니다만

02 두 문장을 연결하십시오.

[보기] 실례합니다 / 지금 김 선생님 좀 만날 수 있습니까?
→ 실례합니다만 지금 김 선생님 좀 만날 수 있습니까?

1) 미안합니다 / 다시 한번 설명해 주십시오.

→ ______

2) 자리가 몇 개 남았습니다 / 좋은 자리가 아닙니다.

→ ______

3) 편지를 받았습니다 / 아직 답장을 하지 못했습니다.

→ ______

4) 도와 드리고 싶습니다 / 오늘은 바빠서 안 됩니다.

→ ______

5) 열심히 준비했습니다 / 마음에 드실지 모르겠습니다.

→ ______

과제 1 읽기

다음 글을 읽고 질문에 대답하십시오.

보고 싶은 안나에게

그동안 잘 지냈니?
한국에 온 지 벌써 6개월이 되었구나.
한국 친구들도 많이 사귀었지만 지금도 고향 친구들이 아주 그리워.
한국 친구들과는 자주 휴대 전화로 통화를 해. 그렇지만 휴대 전화 요금이 비싸기 때문에 간단한 연락은 문자 메시지로 해.
요즘 한국에서는 휴대 전화로 긴 메시지도 보낼 수 있어서 참 편리한 것 같아.
부모님께는 일주일에 한 번씩 전화를 드려.
전화 요금은 좀 비싸지만 어머니 목소리를 들으면 힘이 나.
그리고 좀 긴 이야기는 편지를 써서 부쳐. 그러면 어머니도 꼭 답장을 보내 주셔. 보통 수업이 끝나면 친구들과 같이 이야기할 때도 있고 집에 가서 공부할 때도 있어.
점심은 보통 학생 식당에서 먹는데 가끔 집에서 러시아 음식을 만들어서 먹기도 해. 한국 음식도 맛있지만 러시아 음식이 그리울 때가 있어.
이번 주말에는 뭘 할 거니?
나는 박물관에 갈까 영화를 볼까 생각하고 있어.
너도 즐거운 주말을 보내라.
다음에 다시 연락할게. 안녕.

2008년 7월 25일

마리아 씀

[보기] 마리아는 고향 친구들에게 무엇으로 연락합니까?
이메일을 보내거나 편지를 씁니다.

- 마리아는 한국 친구들과 무엇으로 연락합니까?

- 마리아는 부모님과 무엇으로 연락합니까 ?

- 마리아는 수업이 끝나고 무엇을 합니까?

- 마리아는 어디에서 점심을 먹습니까?

- 마리아는 이번 주말에 무엇을 하려고 합니까?

부치다 to post

과제 2 말하기

우체국에서 소포를 보내 봅시다.

• 국제 우편 요금표

〈편지〉

무게	항공편 요금 (원)			배편 요금 (원)
	일본	미국	브라질	
10g까지	600	1,000	1,300	500
20g까지	1,200	2,000	2,600	1,000

〈소포〉

무게	항공편 요금 (원)			배편 요금 (원)		
	일본	미국	브라질	일본	미국	브라질
10kg까지	30,000	50,000	120,000	18,000	24,000	28,000
20kg까지	60,000	100,000	240,000	36,000	48,000	56,000

1) 요금표를 보고 다음 빈 칸을 채우십시오.

종류	방법	나라	무게	요금
편지	항공편	일본	8g	
편지		미국	16g	1,000원
소포	배편	브라질	12kg	
소포	항공편		7kg	50,000원

2) 1)의 표를 보고 이야기해 봅시다.

[보기] 우체국 직원 : 어떻게 오셨어요?
손님 : 이 편지를 보내려고 합니다.
우체국 직원 : 어디로 보내실 거예요?
손님 : 일본으로 보낼 거예요.
우체국 직원 : 여기에 올려 놓으세요.
8그램이니까 항공편으로 600원입니다.
손님 : 배편으로 보내면 얼마예요?
우체국 직원 : 항공편에 비해서 별로 싸지 않아요. 500원입니다.
손님 : 그럼 항공편으로 보내 주세요. 며칠 걸려요?
우체국 직원 : 5일쯤 걸릴 거예요.
손님 : 알겠습니다. 감사합니다.

우체국 직원 : ______________________

손님 : ______________________

우체국 직원 : ______________________

손님 : ______________________

우체국 직원 : ______________________

손님 : ______________________

우체국 직원 : ______________________

손님 : ______________________

우체국 직원 : ______________________

손님 : ______________________

Dialogue

Rie	I'd like to send the parcel to Japan.
Staff	Put your parcel on a scale, please.
Rie	What do I do if the parcel gets lost or damaged?
Staff	If the items in the parcel are expensive, get insurance.
Rie	They are not expensive but I'd like to get insurance because I shouldn't lose it.
Staff	It is 30,000 won in all including the insurance.

01 –거나

It is used with a verb to show your choice. A verb which comes before and after –거나 shows your selection among two choices.

• 요즘은 이메일을 쓰거나 전화를 합니다.	I email or call nowadays.
• 시간이 있을 때는 영화를 보거나 쇼핑을 합니다.	I watch movies or go shopping when I am free.
• 결석 시간이 많거나 시험 점수가 나쁘면 낙제입니다.	You'll fail if you have poor attendance or get a low grade in the exam.
• 디자인이 특별하거나 값이 싼 물건이 인기가 있어요.	A thing which has a special design or cheap is popular.

02 -습니다만/ㅂ니다만

It is used with a verb to show the opposite meaning of the first and second clause. It has a formality than a connective-ending '-지만' Therefore it is used in a formal situation.

• 만난 적이 있습니다만 이름은 모릅니다.	Even though we have met, I don't know his/her name.
• 죄송합니다만 조금만 더 기다려 주십시오.	I am sorry but please wait a little more.
• 설명을 들었습니다만 이해할수가 없습니다.	Even though I listened to the explanation I could not understand.
• 여러 번 메일을 보냈습니다만 답장이 없습니다.	Even though I sent mails a couple of times, I didn't get a reply.

04 재학 증명서를 내지 않으면 안 됩니다

학습 목표 ● 과제 출입국관리 사무소 이용하기 ● 문법 -어 있다 -지 않으면 안 되다 ● 어휘 출입국 관련 어휘

여기는 어디입니까?
사람들이 왜 여기에 갑니까?

CD2:08~09

웨이 비자를 연장하러 왔습니다.

직원 먼저 번호표를 뽑고 신청서를 쓰세요.

웨이 신청서는 어디에 있어요?

직원 저쪽 책상에 놓여 있습니다. 다른 서류는 모두 준비하셨습니까?

웨이 지금 재학 증명서가 없는데 어떻게 하죠?

직원 재학 증명서를 내지 않으면 안 됩니다.

연장 extension
신청서 application form
놓이다 to be put on
재학 증명서 certificate of student status

어휘

01 여러분은 출입국관리 사무소에 간 일이 있습니까?

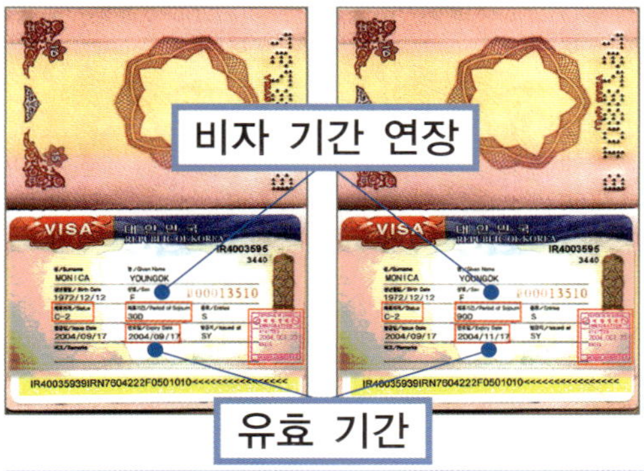

사증(비자)

외국인등록증
CERTIFICATE OF ALIEN REGISTRATION
① 731228-2686181
② ANGELA VICTORIA EUNJI
③ NEWZEALAND ⑤ F-3
④ 서울특별시 양천구 신정6동 319-2
⑥ 2005.03.10 2007.03.10
⑦ 서울출입국관리사무소장
CHIEF, SEOUL IMMIGRATION OFFIEC
☎(02)2650-6212

외국인 등록증

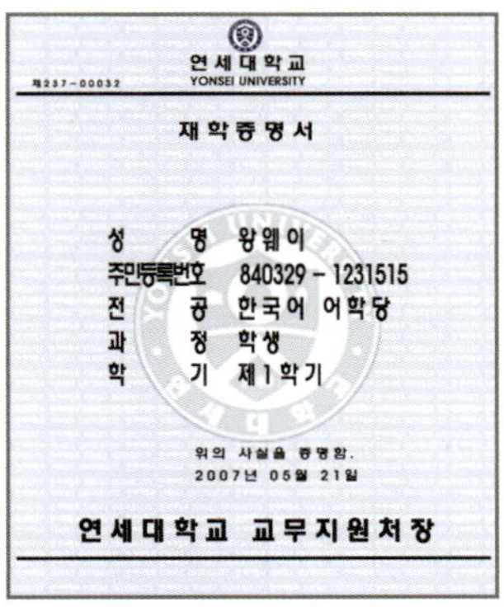
연세대학교
YONSEI UNIVERSITY
재학증명서
성 명 왕웨이
주민등록번호 840329 - 1231515
전 공 한국어 어학당
과 정 학생
학 기 제1학기
위의 사실을 증명함.
2007년 05월 21일
연세대학교 교무지원처장

재학증명서

입국/출국

02 빈칸을 채우십시오.

한국에 (   )한 외국인들은 출입국관리 사무소에 가서 (   )을/를 만들어야 합니다.
한국에 와서 90일 안에 만들어야 합니다. 이것은 신분증으로 사용할 수 있습니다. 처음 계획보다 더 오랫동안 한국에서 공부하고 싶은 학생은 (   )을/를 신청합니다.
신청하려면 (   )이/가 있어야 합니다.
그리고 출석 시간이 매우 중요합니다.

문법 연습

-어/아/여 있다

01 그림을 보고 문장을 만드십시오.

[보기] 

제임스 씨가 서 있습니다

❶ 

❷ 

❸ 

❹ 

❺ 

-지 않으면 안 됩니다

02 대답을 쓰십시오.

[보기] 가 : 지금 출발해야 합니까?
나 : 네, 지금 출발하지 않으면 안 됩니다

1) 가 : 부모님께 말씀드려야 합니까?
나 : 네, ______

2) 가 : 금요일까지 신청해야 합니까 ?
나 : 네, ______

3) 가 : 등기는 꼭 본인이 받아야 합니까?
나 : 네, ______

4) 가 : 80퍼센트 이상 출석해야 합니까?
나 : 네, ______

5) 가 : 생년월일을 써야 합니까?
나 : 네, ______

과제 1 말하기

출입국관리 사무소입니다. 사진을 보고 설명하십시오.

[보기] 차례를 기다리는 사람들이 앉아 있습니다.

과제 2 쓰기

출입국관리 사무소에서 필요한 서류입니다. 써 봅시다.

법 무 부
MINISTRY OF JUSTICE

<table>
<tr><td colspan="3">• 체류자격부여
• 체류자격변경허가
• 체류기간연장허가
• 체류자격외활동허가</td><td colspan="3">신 청 서</td><td colspan="3">• GRANTING STATUS OF SOJOURN
• CHANGE OF STATUS OF SOJOURN
• EXTENSION OF SOJOURN PERIOD
• ENGAGE IN ACTIVITIES NOT COVERED BY THE STATUS OF SOJOURN</td></tr>
<tr><td>성</td><td colspan="2"></td><td rowspan="2" colspan="2">한자:</td><td colspan="2">국적</td><td rowspan="2">성별</td><td>남</td></tr>
<tr><td>명</td><td colspan="2"></td><td colspan="2"></td><td>여</td></tr>
<tr><td>생년월일</td><td colspan="2">년 월 일</td><td colspan="2">직장명</td><td colspan="2"></td><td>직위</td><td></td></tr>
<tr><td>본국주소</td><td colspan="5"></td><td>전화번호</td><td colspan="2"></td></tr>
<tr><td>대한민국 내 주소</td><td colspan="5"></td><td>전화번호</td><td colspan="2"></td></tr>
<tr><td>입국일자</td><td colspan="2"></td><td>여권번호</td><td colspan="2"></td><td colspan="3">외국인등록번호</td></tr>
<tr><td>입국장소</td><td colspan="2"></td><td>여권유효기간</td><td colspan="2"></td><td colspan="3"></td></tr>
<tr><td>신청기간</td><td colspan="2"></td><td>신청 사유</td><td colspan="5"></td></tr>
<tr><td>신청일</td><td colspan="3"></td><td colspan="5">신청인 서명</td></tr>
</table>

법무부 The Ministry of Justice **성별** gender **직위** position **본국** home country **사유** reason **신청인** applicant

Dialogue

Wai	I am here to extend my visa.
Staff	You have to get a number tag and fill out an application form first, please.
Wai	Where are the application forms?
Staff	They are on the table over there. Do you have all the other documents prepared?
Wai	I don't have the certificate of student status with me right now. What should I do?
Staff	You must submit a certificate of student status.

01 –어/아/여 있다

It is used with an action verb and it shows continuous performance.

- 방문이 반쯤 열려 있습니다. — The room door is half open.
- 통장에 1,500원이 남아 있어요. — There is 1,500 won left in my bank account.
- 책상 위에 가족 사진이 놓여 있어요. — There are family pictures on the table.
- 벤치에 두 사람이 다정하게 앉아 있어요. — There are two people sitting together affectionately on the bench.

02 -지 않으면 안 되다

It is used together with a verb to indicate necessity. The double negative expresses a strong positive meaning.

• 담배를 끊지 않으면 안 됩니다.	You must quit smoking.
• 모두 참석하지 않으면 안 됩니다.	Everyone must attend.
• 약을 제시간에 먹지 않으면 안 됩니다.	You must take medicine on time.
• 본인이 직접 서명하지 않으면 안 됩니다.	The person in question must give a signature himself.

05 정리해 볼까요?

01 발음을 연습합시다. [CD2:10]

환율이 어떻게 됩니까?

이 서류에 이름과 여권 번호를 적으세요

보험료까지 모두 삼만 원입니다

저쪽 책상에 놓여 있습니다

02 이 곳은 어디입니까? 사람들이 여기에서 무엇을 합니까?

정리

03 다음 문법을 사용해서 이야기를 만들어 봅시다.

-을지/ㄹ지 모르겠다	-는 동안	-거나
-어/아/여 있다	-지 않으면 안 되다	에 비해서

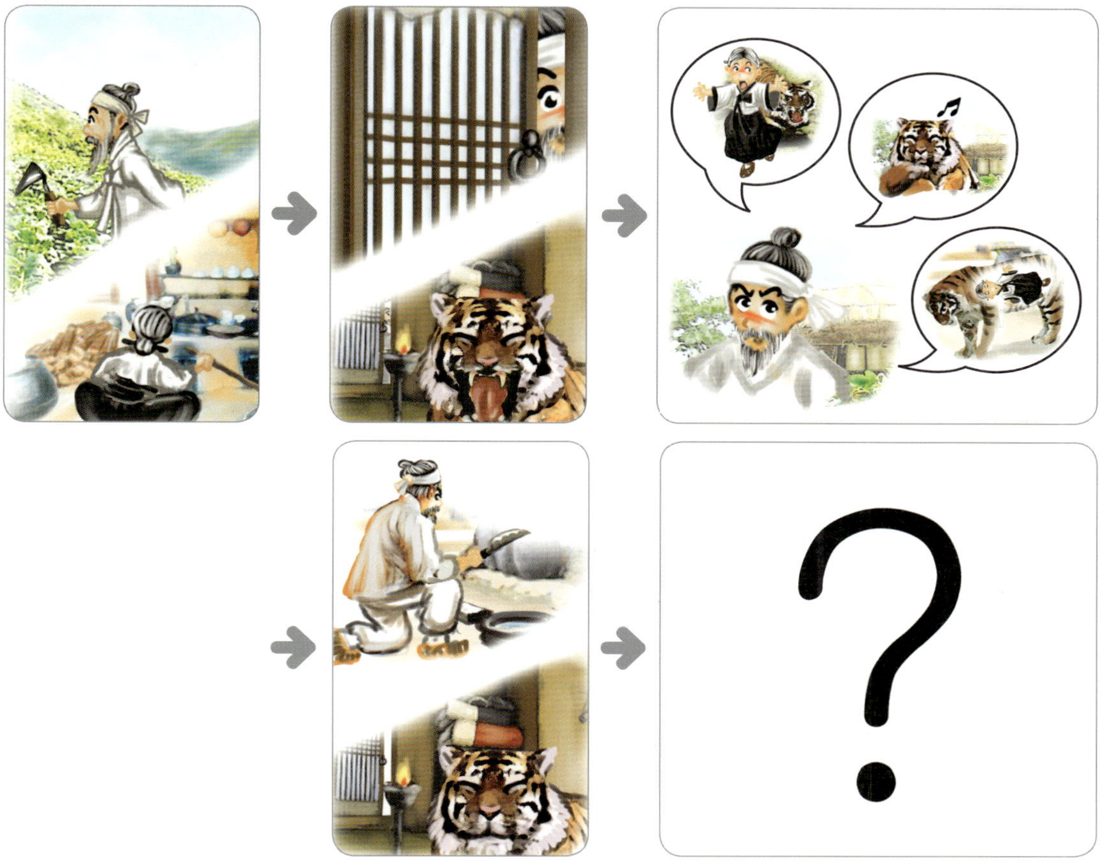

옛날 어느 마을에 할아버지와 할머니가 살고 있었습니다.
할아버지가 밭에서 일을 하는 동안 할머니는 집에서 집안일을 했습니다.
그런데 어느 날 할아버지가 집에 돌아와 보니까 ____________________

____

____

____

____

정리

04 사무실에 도둑이 들어왔습니다. 경찰에게 도둑이 들어오기 전과 들어온 후의 다른 점을 이야기하십시오.

어제 밤 10시

오늘 아침 9시

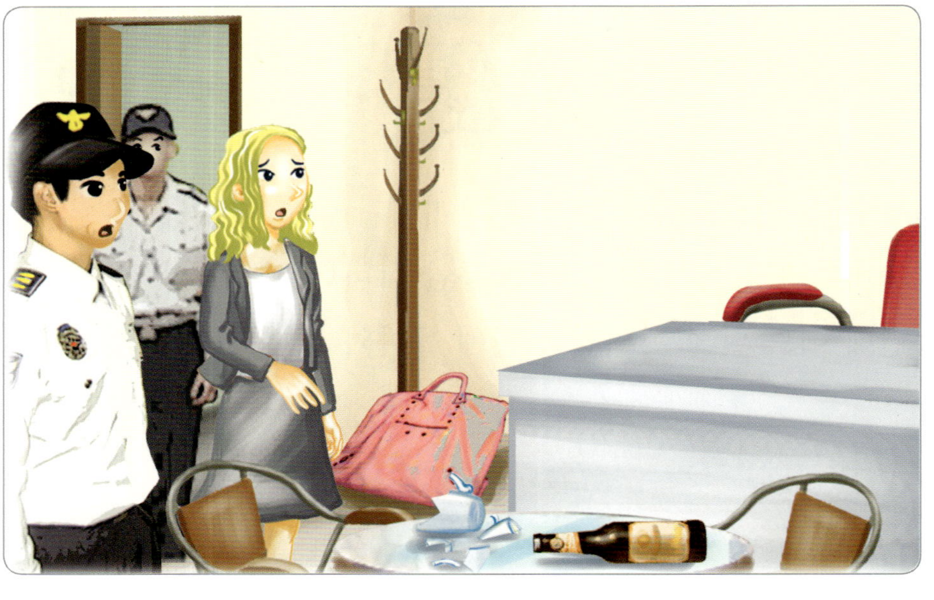

경찰 : 어제 밤 몇 시까지 일했어요?

직원 :

경찰 : 그럼 어제 밤과 달라진 점을 이야기해 보세요.

직원 : 네, 어제 밤에는 창문이 닫혀 있었는데 오늘 아침에 오니까 열려 있었어요.

옛날 a long time ago **마을** village **밭** farm **집안일** house chores **도둑** thief **경찰** police officer
달라지다 to be changed **닫히다** to be closed **열리다** to be opened

리에가 본 한국

출입국관리 사무소 [CD2:11]

저는 3개월 전에 한국에 왔습니다. 비자 유효 기간이 끝나서 비자를 연장하려고 출입국관리 사무소에 갔습니다.

중국 친구와 같이 지하철을 타고 갔습니다. 5호선 오목교 역에서 내려서 7번 출구로 나갔습니다. 한 20분쯤 걸어가니까 왼쪽에 출입국관리 사무소가 있었습니다.

저는 1층에서 비자 연장을 했고 중국 사람들은 2층에서 따로 신청했습니다. 아마 요즘 중국에서 오는 사람들이 많기 때문인 것 같습니다.

친구와 저는 일이 끝난 후에 만나기로 하고 헤어졌습니다.

1. 번호표를 뽑습니다.

2. 신청서를 씁니다.

3. 수입인지를 사서 붙이고 사진도 붙입니다.(사진을 찍는 곳도 있습니다.)

4. 자기 차례가 될 때까지 기다립니다.

5. 자기 번호가 나오면 접수합니다.

6. 택배 접수를 하거나 다음에 직접 가지러 옵니다.

기다리는 사람이 별로 없어서 금방 끝났습니다. 그런데 친구는 기다리는 사람이 많아서 1시간쯤 걸렸습니다. 옆에 있는 사람은 인터넷으로 예약을 하고 와서 기다리지 않고 금방 일을 끝냈습니다.
다음에는 인터넷으로 예약을 하고 오는 것이 좋겠습니다.

• 비자를 연장하려고 합니다. 순서를 이야기하십시오.

① 번호표 뽑기	② 사진 찍기	③ 수입 인지 사기
④ 신청서 쓰기	⑤ 재학증명서 받기	⑥ 접수하기

헤어지다 to be separated **수입인지** revenue stamp **접수하다** to apply **금방** soon

제7과 전화

01
제목 | 연극을 보자고 하는데 같이 갈래요?
과제 | 전화로 약속하기
어휘 | 통화 관련 어휘
문법 | 간접인용(-자고 하다), -을래요?

02
제목 | 전화해서 어디냐고 물어봐야겠다
과제 | 전화 내용 듣기
어휘 | 휴대 전화 관련 어휘
문법 | 간접인용(-는다고 하다, -이라고 하다, -냐고 하다), -어야겠다

03
제목 | 약속을 지키지 못하게 되었어요
과제 | 전화로 약속 취소하기
어휘 | 약속 관련 어휘
문법 | -게 되다, 간접인용(-으라고 하다)

04
제목 | 돌아오는 대로 전화 좀 해 달라고 전해 주세요
과제 | 메시지 남기기
어휘 | 음성 메시지 관련 어휘
문법 | -는 대로, 간접인용(달라고 하다)

05
정리해 볼까요?

- 리에가 본 한국
  재미있는 전화번호

01 연극을 보자고 하는데 같이 갈래요?

학습 목표 ● 과제 전화로 약속하기 ● 문법 간접인용(-자고 하다) -을래요? ● 어휘 통화 관련 어휘

영수는 왜 전화를 한 것 같습니까?
휴대 전화를 받고 처음 하는 말은 무엇인지 이야기해 봅시다.

CD2:12~13

리에 여보세요? 영수 씨, 웬일이에요?

영수 제임스 씨가 이번 주 토요일에 연극을 보자고 하는데 같이 갈래요?

리에 좋아요, 그런데 연극표는 비싸지 않아요?

영수 제임스 씨한테 초대권이 있어서 무료로 볼 수 있어요.

리에 그것 참 잘 됐군요. 그럼 몇 시에 만날까요?

영수 4시에 국립극장 매표소 앞에서 만나요.

웬일 what matter
연극 a play
초대권 complimentary ticket
무료 free
국립극장 National Theater
매표소 ticket booth

어휘

01 전화를 합니다.

전화가 오다

전화를 받다

(전화를) 바꿔 주다

전화를 끊다

통화 중이다

전화를 잘못 걸다

02 알맞은 말을 쓰십시오.

리에는 급한 일이 있어서 영수에게 전화를 걸었다. 그런데 전화를 받은 목소리는 영수가 아니었다.

조금 놀랐지만 "김영수 씨 좀 __________으세요/세요." 하고 말했다.

하지만 그 사람은 "그런 사람은 없는데 몇 번에 전화를 거셨습니까?" 하고 물었다.

리에는 __________은/ㄴ 것을 알았다.

그래서 "미안합니다." 하고 __________었다/았다/였다.

리에는 전화번호를 보고 다시 전화를 걸었다. "뚜뚜뚜뚜."

__________이었다/였다. 조금 후에 다시 걸기로 했다.

그런데, 잠시 후 영수에게서 __________었다/았다/였다.

리에는 __________었다/았다/였다.

문법 연습

간접인용: -자고 하다

01 그림을 보고 문장을 만드십시오.

[보기]

제임스 씨가 잠깐 쉬자고 합니다.

❶

❷

❸

❹

❺

-을래요/ㄹ래요?

02 대답을 쓰십시오.

[보기] 가 : 배가 고파요.
나 : 같이 식당에 갈래요?

1) 가 : 심심한데 재미있는 일이 없을까요?
나 : ________________________________?

2) 가 : 5시에는 만나지 못할 것 같아요.
나 : 그럼, ________________________________?

3) 가 : 이번 주부터 운동을 시작하려고 해요.
나 : ________________________________?

4) 가 : 사전을 집에 놓고 왔어요.
나 : ________________________________?

5) 가 : 저한테 파란색 바지는 어울리지 않아요.
나 : 그럼, ________________________________?

과제 1 쓰고 말하기

1) 무엇을 하고 싶습니까?

시 간	하고 싶은 일
월요일 오후	[보기] 영화를 보고 싶습니다.
수요일 점심	
토요일 저녁	
다음 주말	
시험이 끝나고	
방학	
크리스마스	

2) 친구와 이야기해 보십시오.

[보기] 가 : 월요일 오후에 같이 영화를 볼래?
나1 : 좋아, 같이 보자.
나2 : 그날은 시간이 없으니까 다음에 같이 보자.

가 :

나 :

과제 2 말하기

리에와 제임스가 되어서 전화로 약속을 해 봅시다.

- 오늘은 11일 월요일입니다.

제임스

<table>
<tr><th>날짜(요일)
시간</th><th>11(월)</th><th>12(화)</th><th>13(수)</th><th>14(목)</th><th>15(금)</th><th>16(토)</th><th>17(일)</th></tr>
<tr><td>9:00</td><td rowspan="4">한국어
수업</td><td rowspan="4">한국어
수업</td><td rowspan="4">한국어
수업</td><td rowspan="4">한국어
수업</td><td rowspan="4">한국어
수업</td><td></td><td></td></tr>
<tr><td>10:00</td><td></td><td></td></tr>
<tr><td>11:00</td><td></td><td rowspan="4">교회 가기
(강남)</td></tr>
<tr><td>12:00</td><td></td></tr>
<tr><td>1:00</td><td></td><td></td><td></td><td></td><td></td><td></td></tr>
<tr><td>2:00</td><td></td><td rowspan="2">언어 교환
(학생회관)</td><td></td><td></td><td></td><td></td></tr>
<tr><td>3:00</td><td>태권도 수업
(종로)</td><td></td><td></td><td></td><td></td><td></td></tr>
<tr><td>4:00</td><td></td><td></td><td></td><td rowspan="2">언어 교환
(학생회관)</td><td></td><td></td><td></td></tr>
<tr><td>5:00</td><td></td><td></td><td></td><td rowspan="2">반 모임
(학교 정문)</td><td></td><td></td></tr>
<tr><td>6:00</td><td></td><td></td><td></td><td></td><td></td><td></td></tr>
</table>

리에

<table>
<tr><th>날짜(요일)
시간</th><th>11(월)</th><th>12(화)</th><th>13(수)</th><th>14(목)</th><th>15(금)</th><th>16(토)</th><th>17(일)</th></tr>
<tr><td>9:00</td><td rowspan="4">한국어
수업</td><td rowspan="4">한국어
수업</td><td rowspan="4">한국어
수업</td><td rowspan="4">한국어
수업</td><td rowspan="4">한국어
수업</td><td></td><td></td></tr>
<tr><td>10:00</td><td></td><td></td></tr>
<tr><td>11:00</td><td></td><td></td></tr>
<tr><td>12:00</td><td></td><td></td></tr>
<tr><td>1:00</td><td></td><td></td><td></td><td></td><td></td><td></td><td></td></tr>
<tr><td>2:00</td><td></td><td></td><td></td><td></td><td></td><td rowspan="3">고모 댁 방문
(시청 옆)</td><td></td></tr>
<tr><td>3:00</td><td></td><td></td><td></td><td></td><td rowspan="2">아르바이트
(신촌)</td><td></td></tr>
<tr><td>4:00</td><td rowspan="2">아르바이트
(신촌)</td><td></td><td rowspan="2">아르바이트
(신촌)</td><td></td><td></td></tr>
<tr><td>5:00</td><td></td><td></td><td rowspan="2">반 모임
(학교 정문)</td><td></td><td></td></tr>
<tr><td>6:00</td><td></td><td></td><td></td><td></td><td></td><td></td></tr>
</table>

[보기] 리에가 제임스와 같이 영화를 보고 싶어 합니다.

리에　: 여보세요? 제임스 있어요?
제임스 : 네, 바로 전데요. 누구세요?
리에　: 나 리에야.
제임스 : 아, 리에구나. 그런데 웬일이야?
리에　: 내일 시간이 있으면 우리 영화 보러 갈래?
제임스 : 좋아, 2시부터 4시까지는 언어 교환 약속이 있는데 그 후로는 괜찮아.
리에　: 언어 교환 모임을 어디에서 하니?
제임스 : 학생회관에서 해.
리에　: 그럼 모임이 끝나고 4시 30분에 학교 정문에서 만나자.
제임스 : 알았어. 영화를 보고 저녁도 같이 먹을 수 있지?
리에　: 그래, 좋아. 그럼 내일 만나.

1. 제임스가 리에와 같이 도서관에 가서 공부하고 싶어 합니다.

제임스 : ________________
리에　: ________________
제임스 : ________________
리에　: ________________

2. 리에가 제임스와 같이 동대문 시장에 가서 쇼핑을 하고 싶어 합니다.

3. 제임스가 리에와 같이 박물관에 가고 싶어 합니다.

Dialogue

Rie	Hello? Youngsoo! What's up?
Youngsoo	James asked to go and see a play this Saturday. Do you want to come?
Rie	Sounds good. By the way, isn't the ticket for play expensive?
Youngsoo	James has complimentary tickets so we can go for free.
Rie	That's great. Then what time shall we meet?
Youngsoo	Let's meet in front of the box office of the National Theater at 4 o'clock.

문법 설명

01 Indirect Speech:-자고 하다

It is used with an action verb. It is an indirect speech to convey the suggestive message from the sentences of '-읍시다/-ㅂ시다, -을까요/ㄹ까요?'

- 동생이 천천히 걷자고 합니다. — My brother suggested that we walk slowly.
- 친구가 운동장에 가서 놀자고 합니다. — My friend suggested that we play in a play ground.
- 리에가 토요일에 같이 점심을 먹자고 해요. — Rie suggested that we have a lunch together on Saturday.
- 길이 막히니까 버스를 타지 말자고 합니다. — She suggested that we not take a bus because of heavy traffic.

02 -을래요/ㄹ래요?

It is used with an action verb to ask what the listener wants to do, often by expressing the speaker's suggestion. It is a colloquial form.

- 뭘 드실래요? What would you like to eat?
- 시간이 없는데 택시를 탈래요? Do you want to take a taxi because we don't have enough time?
- 저하고 잠깐 이야기 좀 하실래요? Can I talk to you for a minute?
- 이번 주말에 할 일이 없으면 같이 영화를 볼래요? Would you like to watch movies if you are free?

02 전화해서 어디에 있냐고 물어봐야겠다

학습 목표 ● 과제 전화 내용 듣기 ● 문법 간접인용(-는다고 하다, -이라고 하다, -냐고 하다), -어야겠다 ● 어휘 휴대 전화 관련 어휘

제임스와 웨이는 지금 무엇을 하고 있습니까?
약속 시간을 지키지 못할 때는 어떻게 합니까?

CD2:14~15

웨이 왜 리에 씨가 안 오지요?

제임스 곧 오겠지. 그런데 메시지는 확인해 봤어?

웨이 메시지요? 아직 확인 못해 봤어요. 잠깐만요.

(잠시 후)

제임스 뭐라고 해?

웨이 일이 밀려서 조금 늦게 온다고 해요.

제임스 벌써 30분이 지났으니까 전화해서 어디에 있냐고 물어봐야겠다.

곧 soon
확인하다 to check, to confirm
밀리다 to be left undone
벌써 already
물어보다 to ask

어휘

01 휴대 전화를 사용합니다.

- 전화를 받지 않을 때 전하고 싶은 말을 **음성 메시지**로 남깁니다.
- 간단한 이야기는 **문자 메시지**로 보내면 싸고 편리합니다.
- 전화를 거는 사람은 **발신자**이고 전화를 받는 사람은 **수신자**입니다.
- 전화번호 앞에는 **지역 번호**가 있습니다. 서울은 02, 인천은 032, 부산은 051입니다.
- 자주 사용하는 전화번호는 간단한 **단축 번호**를 정해 놓으면 편리합니다.
- 도서관이나 음악회에 가면 벨소리를 **진동**으로 바꾸어야 합니다.

02 단어를 찾아서 연결하십시오.

제 여자 친구의 전화번호는 1번입니다. 1번만 누르면 통화할 수 있습니다. •	• 가) 지역 번호
통화할 수 없을 때 간단하게 써서 보냅니다. •	• 나) 진동
시끄러운 곳에서는 벨소리가 잘 들리지 않기 때문에 이것으로 바꿉니다. •	• 다) 문자 메시지
서울에서 서울로 전화할 때는 이 번호를 누르지 않습니다. •	• 라) 단축 번호
전화기에 말로 메모를 남깁니다. •	• 마) 음성 메시지

문법 연습

간접인용: -이라고/라고 하다, -는다고/ㄴ다고 하다, -다고 하다, -냐고 하다

01 문장을 바꾸십시오.

"입니다" ➔ -이라고/라고 합니다 "이/가 아닙니다" ➔ 이/가 아니라고 합니다	"저 아이는 열 살입니다."	[보기] 저 아이는 열 살이라고 합니다.
	"이 컴퓨터는 한국 제품이 아닙니다."	
"-습니다/ㅂ니다" ➔ -는다고/ㄴ다고 합니다, -다고 합니다	"여름에는 바닷가에 많이 갑니다."	
	"서울 교통이 복잡합니다."	
"-습니까/ㅂ니까?" ➔ -냐고 합니다	"지금 몇 시예요?"	
	"무슨 시험이 어려웠습니까?"	

과제 1

02 그림을 보고 문장을 완성하십시오.

-어야겠다/아야겠다/여야겠다

[보기]

날씨가 추워져서 따뜻한 옷을 사야겠어요.

❶

____

❷

____

❸

____

❹

____

❺

____

과제 1 말하기

그림을 보고 이야기를 만드십시오. 두 사람이 뭐라고 합니까?

[보기]

아버지가 아들에게 여행이 재미있냐고 하니까 아들이 아주 재미있다고 해요.

❶

❷

❸

❹

❺

과제 2 듣고 말하기 [CD2:16]

휴대 전화 내용을 듣고 대답하십시오.

1) • 영수는 지금 어디에 있습니까?

• 언제 출발한다고 합니까?

2) • 지금 어디에 있을까요?

• 왜 나중에 전화한다고 했습니까?

3) • 제임스는 지금 어디에 있습니까?

• 민철이는 지금 무엇을 하고 있습니까?

4) • 무슨 문제가 생겼습니까?

• 민철이의 전화번호는 몇 번입니까?

5) • 누구와 누가 전화를 합니까?

• 아버지가 뭐라고 했습니까?

나중에 later **문제** problem

Dialogue

Wai	Why hasn't Rie come yet?
James	She will come soon. By the way, did you check your voice mail?
Wai	Voice mail? I haven't checked it yet. Hang on. (later on)
James	What did she say?
Wai	She said she'll be a little bit late because she has some work that needs to be done.
James	It has passed 30 minutes already. I should call her and ask where she is now.

01 Indirect Speech: –이라고/라고 하다, –는다고/ㄴ다고 하다, –다고 하다, –냐고 하다

'–이라고/라고 하다' is the indirect speech form that re-interpret the declarative sentence (–입니다, –이다, –이에요, –이군요, etc.)

- 여기가 연세대학교라고 합니다. — This place is called Yonsei University.
- 존슨 씨 생일이 내일이라고 합니다. — They say Mr. Johnson's birthday is tomorrow.
- 이 노래가 요즘 제일 유행하는 노래라고 합니다. — They say this song is the most popular song nowadays.
- 내일은 비가 올 거라고 합니다. — It says that it will rain tomorrow.

'–는다고/ㄴ다고 하다, –다고 하다' is the indirect speech form that passes a meaning from of a declarative sentence (–습니다, –는다, –어요, –는군요, etc.)

- 독일 사람들은 감자를 많이 먹는다고 합니다. — It is said that German people eat potatoes a lot.

• 선생님 아이가 귀엽다고 합니다.	They say teacher's baby is cute.
• 존슨 씨 부모님은 미국에 사신다고 합니다.	Someone said that Mr. Johnson's parents lived in the State.
• 그곳 사람들은 친절하지 않다고 합니다.	It is said that people there are not kind.
• 존슨 씨는 한국 음식을 좋아하지 않는다고 했어요.	Johnson said that he didn't like Korean food.

'-냐고 하다' is the indirect speech form to pass the message from interrogative sentence (-습니까?, -니?, -어요?)

• 학생이 선생님께 다음 시간이 무슨 시간이냐고 했어요.	A student asked a teacher what the next class is.
• 아버지가 딸에게 그 남자가 정말 좋냐고 물었습니다.	A father asked his daughter whether she really likes him very much.
• 친구들이 저에게 언제 결혼할 거냐고 해요.	My friends asked me when I'll get married.
• 한국 사람들이 저에게 언제 한국에 왔냐고 자주 물어요.	Korean people often ask me when I came to Korea.

02 -어야겠다/아야겠다/여야겠다

It is used with a verb to show the speaker's strong determination or that the performance must be done.

• 돈이 좀 필요해서 아르바이트를 해야겠어요.	I must have a part time work because I need money.
• 집에 음식이 없어서 시장을 봐야겠어요.	I must go to a market because there isn't any food at home.
• 이 방을 공부방으로 쓰려면 불이 더 밝아야겠다.	The light must be brighter if you want to use this room as a studying room.
• 모델이 되려면 키가 더 커야겠다.	You should be taller if you want to be a model.

03 약속을 지키지 못하게 되었어요

학습 목표 ● 과제 전화로 약속 취소하기 ● 문법 -게 되다, 간접인용(-으라고 하다) ● 어휘 약속 관련 어휘

약속을 취소해 본 일이 있습니까?
약속을 취소할 때 뭐라고 말합니까?

CD2:17~18

영수 리에 씨, 무슨 일이에요?
리에 죄송하지만 약속을 지키지 못하게 되었어요.
영수 그래요? 무슨 급한 일이 생겼어요?
리에 아버지께서 토요일에 집에 오라고 하신 걸 깜빡 잊어버렸어요.
영수 그럼, 일요일은 어때요? 초대권은 일요일에도 사용할 수 있어요.
리에 일요일은 괜찮아요. 약속을 바꿨으니까 저녁은 제가 살게요.

죄송하다 to be sorry for
급하다 to be urgent
깜빡 absent-mindedly
잊어버리다 to forget

어휘

01 약속을 합니다.

- 주말에 고향 친구를 만나기로 했습니다. 그런데 미선 씨가 생일 파티에 초대를 했습니다. 고향 친구와 **선약이 있어서** 생일 파티에 가지 못해요.
- 미선 씨와 영화를 보기로 약속을 했다가 회사에 급한 일이 생겨서 다음 주로 **약속을 미뤘어요.**
- 큰 약속이나 작은 약속이나 모든 **약속은 지켜야** 돼요. 작은 **약속도 어기면** 안 돼요.
- 친구들과 놀러 갈 약속을 했는데 아버지가 오라고 하셔서 **약속을 취소했어요.**

02 알맞은 말을 넣으십시오.

1) 가 : 이번 주말에 같이 영화 보기로 한 거 기억나지?
   나 : 응, 그런데 미안해. 갑자기 일이 생겨서 금요일에 고향에 가야 돼. ______________ 어야겠어/아야겠어/여야겠어.

2) 가 : 무슨 일 때문에 전화했어? 이번 주말에 만나기로 하지 않았어?
   나 : 사실 그 일 때문에 전화했어. 이번 주에는 회사일이 너무 바빠서 만나지 못해. 다음 주로 ______________ 자.

3) 가 : 아빠, 이번 여름에 저하고 여행가기로 한 ______________ 을/ㄹ 수 있지요?
   나 : 미안하다. 회사에 일이 생겨서 이번 여름에는 약속을 지키지 못할 것 같다. 내년에 좋은 곳으로 가면 안 될까?

4) 가 : 이번 금요일에 우리 반 학생들이 모여서 파티를 하려고 하는데 선생님도 오실 수 있지요?
   나 : 미안해요, 이번 주말에는 ______________ 어서/아서/여서 갈 수 없어요. 선생님들 모임이 있어요.

문법 연습

-게 되다

01 그림을 보고 대답하십시오.

〈왕웨이〉

- 작년부터 무역 회사에서 일했다.
- 한국말을 잘 해서 한국 회사에 취직했다.
- 한국 친구가 많아서 한국말을 잘한다.
- 친구가 소개해 준 원룸에서 살고 있다.
- 사진 동호회에서 여자 친구를 만났다.

[보기] 가 : 왕웨이 씨는 언제부터 무역 회사에서 일하게 되었어요?
나 : 작년부터 무역 회사에서 일을 하게 되었어요.

1) 가 : 왕웨이 씨는 어떻게 한국 회사에 취직하게 되었어요?
나 : ______________________________

2) 가 : 왕웨이 씨는 어떻게 한국말을 잘하게 되었어요?
나 : ______________________________

3) 가 : 왕웨이 씨는 어떻게 원룸에 살게 되었어요?
나 : ______________________________

4) 가 : 왕웨이 씨는 어떻게 여자 친구를 만나게 되었어요?
나 : ______________________________

5) 가 : 왕웨이 씨는 어떻게 한국에 오게 되었어요?
나 : ______________________________

간접인용: -으라고/라고 하다

02 문장을 바꾸십시오.

[보기] 선생님 : 책을 크게 읽으십시오.
➔ 선생님께서 책을 크게 읽으라고 했어요.

1) 직원 : 조용히 하십시오.

➔

2) 의사 선생님 : 담배를 피우지 마십시오.

➔

3) 리에 : 내일 한가하면 집에 놀러 오세요.

➔

4) 할머니 : 여기에 앉아서 조금만 기다려라.

➔

5) 어머니 : 나쁜 아이들과 같이 다니지 마라.

➔

과제 1 말하기

약속을 취소하고 이유를 말해 봅시다.

번호	약 속
(보기)	웨이와 운동하기(월요일, 오전 8시)
1	리에와 남대문 새벽 시장을 구경하기(일요일, 오전 1시)
2	반 친구들과 놀이 공원에 가기(토요일, 오전 10시)
3	선생님과 점심 식사하기(수요일, 오후 1시)
4	마리아와 영화 보기(화요일, 오후 4시)
5	선배와 음악회에 가기(금요일, 오후 7시)

〈약속을 취소하는 이유〉

- 다리를 다쳐서 운동을 할 수 없다.
- 회사 일로 출장을 간다.
- 일이 생겨서 고향에 돌아간다.
-
-

[보기] 웨이야, 월요일 오전에 같이 운동하기로 했지?
그런데 어제 다리를 다쳐서 운동을 할 수 없게 되었어.
약속을 지키지 못해서 미안해.

새벽 dawn **선배** senior **다치다** to get hurt

과제 2 말하기

약속을 지키겠습니까? 약속을 취소하겠습니까?
취소할 때 뭐라고 얘기하겠습니까?

[보기] 친구와 영화를 보기로 했는데 내일 볼 시험 공부를 해야 한다.

- 친구와 약속을 지키겠어요. 영화를 본 후에 밤늦게까지 공부를 하겠어요.
- 약속을 취소하겠어요. 친구한테는 몸이 아파서 못 간다고 얘기하겠어요.

1) 친구와 등산을 가기로 했는데 비가 온다.

2) 여자 후배와 만날 약속을 했는데 돈이 없다.

3) 가족과 놀이 공원에 가기로 했는데 회사에 일이 생겨서 회사에 가야 한다.

4) 대학교 선배와 저녁 약속을 했는데 좋아하는 가수의 콘서트 표가 생겼다.

5) 사장님과 만날 약속을 했는데 아이가 아프다.

콘서트 concert

Dialogue

Youngsoo	Rie, what's up?
Rie	I am sorry but I won't be able to keep our appointment.
Youngsoo	Really? Did something urgent come up?
Rie	I completely forgot that my dad told me to come home on Saturday.
Youngsoo	Then, what about Sunday? We can use the invitation cards on Sunday, too.
Rie	Sunday is fine. I will treat dinner since I changed our appointment.

문법 설명

01 -게 되다.

It is used with an action verb to show the result happened regardless of the speaker's intention. Normally it is used in a situation where the result was done by someone else's influence, or by the influence of time.

- 일 때문에 외국에 가게 되었어요. — I happened to go abroad because of work.
- 열심히 연습해서 한국말을 잘 하게 되었어요. — I came to speak Korean well because I practiced a lot.
- 이제 한국에 대해서 잘 알게 되었어요. — I have come to know about Korea well now.
- 그 사람은 자동차 사고로 이제는 걷지 못하게 되었어요. — He got a car accident so he cannot walk anymore.

02 Indirect Speech: -으라고/라고 하다.

It is used in the end of an action verb and conveys the meaning by indirect way from imperative sentences like, '-으십시오, -어라, -으세요, -지 마세요'.

- 친구가 약속 시간을 꼭 지키라고 합니다. My friend says to keep on time.
- 아내가 운전을 조심하라고 합니다. My wife told me to drive safely.
- 선생님이 수업에 늦지 말라고 합니다. My teacher told me not to be late for class.
- 한국에서는 어른에게 반말을 하지 말라고 합니다. We were told that we should not use intimate speech forms to the elders in Korea.

04 돌아오는 대로 전화 좀 해 달라고 전해 주세요

학습 목표 ● 과제 메시지 남기기 ● 문법 -는 대로, 간접인용(달라고/주라고 하다) ● 어휘 음성 메시지 관련 어휘

정희 씨의 전화를 받은 사람은 누구입니까?
통화를 하려는 사람이 없을 때 어떻게 합니까?

CD2:19~20

정희 여보세요? 웨이 씨 계십니까?

아주머니 지금 안 계신데요. 누구세요?

정희 회사 동료 오정희라고 합니다. 언제쯤 들어올지 아세요?

아주머니 글쎄요, 휴대 전화가 고장나서 서비스센터에 간다고 했어요.

정희 그럼, 돌아오는 대로 전화 좀 해 달라고 전해 주세요.
제 번호는 010-2123-3465입니다.

아주머니 그렇게 전해 드리겠습니다.

고장나다 to be out of order
서비스센터 service center
돌아오다 to return
전하다 to pass on, transmit
그렇게 like that

01 음성 메시지를 남깁니다.

*	#
별표	우물 정자

녹음하다

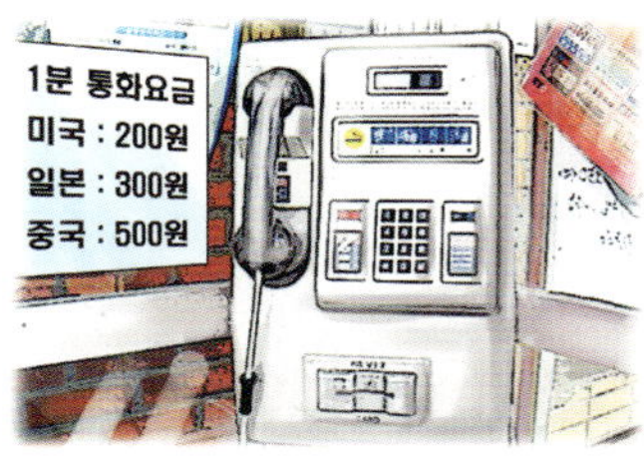

통화료

누르다

02 알맞은 단어를 넣으십시오.

삐 소리 후 메시지를 남겨 주십시오. 연결 후에는 ____________을/를 내야합니다. 삐 소리가 나면 ____________시고 끝나면 ____________이나/나 우물 정자(#)를 눌러 주십시오.

삐~	안녕하세요? 영수예요. 이 메시지를 들으면 전화 좀 해주세요.	*

이야기가 끝나면 1번을 ____________어/아/여 주십시오.

지역 번호와 연락 받을 전화번호를 누른 후 별표나 ____________을/를 눌러 주십시오.

0 1 0 – 2 3 4 5 – 6 7 8 9 #

이용해 주셔서 감사합니다.

문법 연습

-는 대로

01 정희의 계획을 보고 문장을 만드십시오.

정희의 계획		
13:00	수업이 끝납니다	제임스를 만나러 갈 거예요
13:30	제임스를 만납니다	부산에 갈 거예요
16:00	부산에 도착합니다	사장님에게 전화를 할 거예요
20:30	서울에 돌아옵니다	회사에 들어갈 거예요
21:00	회사에 들어갑니다	사장님을 만날 거예요
23:00	일을 정리합니다	집에 갈 거예요

[보기] 수업이 끝나는 대로 제임스를 만나러 갈 거예요.

1) ______________________ 부산에 갈 거예요.

2) ______________________ 사장님에게 전화를 할 거예요.

3) ______________________ 회사에 들어갈 거예요.

4) ______________________ 사장님을 만날 거예요.

5) ______________________ 집에 갈 거예요.

간접인용: 달라고/주라고 하다

02 그림을 보고 말하십시오.

[보기]

의사 선생님이 환자에게 약을 주라고 합니다.

❶

❷

❸

❹

❺

과제 1 듣고 말하기 [CD2:21]

음성 메시지를 듣고 대답하십시오.

1) • 누가 전화했습니까?

• 뭐라고 했습니까?

2) • 내일은 무슨 날이라고 합니까 ?

• 뭐라고 했습니까 ?

3) • 왜 전화했습니까?

• 뭐라고 했습니까?

4) • 어머니가 무엇을 했습니까?

• 뭐라고 했습니까?

5) • 이 사람이 왜 전화했습니까?

• 뭐라고 했습니까?

과제 2 말하기

하고 싶은 이야기를 다른 사람에게 남기십시오.

[보기] 영수가 민철이에게 전화했는데 민철이는 집에 없고 어머니께서 전화를 받으셨습니다.

- 영수가 민철이에게 하고 싶은 말:

내일 약속이 2시로 바뀌었어.
민수에게도 이야기해 줘.

영수 : 여보세요. 거기 민철이 집이지요?
민철 어머니 : 그런데 누구세요?
영수 : 저는 민철이 친구 김영수라고 합니다. 민철이 있어요?
민철 어머니 : 민철이가 지금 잠깐 밖에 나갔는데, 들어오면 뭐라고 전할까?
영수 : 그럼 내일 약속이 2시로 바뀌었다고 전해 주세요.
민철 어머니 : 그렇게만 전하면 되니?
영수 : 네, 그리고 민수에게도 이야기해 주라고 전해 주세요.
민철 어머니 : 그래, 알았다. 꼭 전해 줄게.
영수 : 고맙습니다. 안녕히 계세요.

1) 리에에게 전화했는데 리에의 하숙집 아주머니가 전화를 받으셨습니다.

- 리에에게 하고 싶은 말:

급한 일이 생겨서 주말에 제주도에 갈 수 없어.
미안하지만 비행기 예약을 취소해 줘.

2) 민철이에게 전화했는데 민철이의 동생이 전화를 받았습니다.

- 민철이에게 하고 싶은 말:

내일 오전에 같이 도서관에 가자.
집에 들어오는 대로 전화해 줘.

3) 제임스에게 전화했는데 제임스는 집에 없고 제임스의 하숙집 친구가 받았습니다.

- 제임스에게 하고 싶은 말:

금요일에 마리아 송별회가 있어.
회비는 만 원인데 리에에게 줘.

4) 선생님께 전화했는데 옆 반 선생님이 전화를 받으셨습니다.

- 선생님께 하고 싶은 말:

> 내일 아파서 학교에 갈 수 없어요.
> 숙제 공책은 모레 드리겠어요.

5) 영수에게 전화했는데 영수의 형이 전화를 받았습니다.

- 영수에게 하고 싶은 말:

> 내일 오후에 공원에서 농구할 거야.
> 농구공을 가지고 와.

회비 membership fee　**농구공** basketball

Dialogue

Jeonghee	Hello? Can I talk to Mr. Wai?
Mam	He is not here. Who's calling please?
Jeonghee	This is his co-worker, Jeonghee Oh. Do you know when he returns home?
Mam	Well, he said that he is going to a service center because his cell phone is out of order.
Jeonghee	Then, can you tell him to call me back as soon as he returns, please? My number is 010-2123-3465.
Mam	I'll pass on that message to her.

문법 설명

01 -는 대로

It is used with an action verb to show the intention to carry out the action in the following clause as soon as the action described by the preceding verb is completed.

- 여행에서 돌아오는 대로 전화하겠습니다. I'll call you as soon as I come back from my travels.
- 그 사람을 보는 대로 저에게 말해 주세요. Please, let me know as soon as you see the man.
- 병이 낫는 대로 세계 일주를 하고 싶어요. I want to travel around the world as soon as I get well.
- 이 메시지를 보는 대로 나에게 전화해 줘. Please, call me as soon as you read this message.

02 Indirect Speech : 달라고/주라고 하다.

When the imperative forms of '주십시오, 주세요, 주어라' from the action verb 주다' is used in an indirect speech sentence, it can be used in two ways. When a speaker commands that something be given to another person, use '주라고 하다'. But when the speaker is the recipient or beneficiary, use '달라고 하다'.

• 저 아이에게 물을 주라고 합니다.	I was told to give some water to the child.
• 가난한 사람들에게 돈을 빌려주라고 합니다.	I was told to lend some money to poor people.
• 그 소설가가 펜을 달라고 했습니다.	The writer asked to be given a pen.
• 다시 한 번 설명해 달라고 했습니다.	I asked to have it explained to me one more time.

05 정리해 볼까요?

01 발음을 연습합시다. [CD2:22]

영수 씨, 웬일이에요?
4시에 국립극장 매표소 앞에서 만나요
약속을 바꿨으니까 저녁은 제가 살게요
제 번호는 010-2123-3465입니다

02 단어를 찾아 그 뜻을 설명해 보십시오.

문	녹	매	소	약	바	다	표	꾸
국	자	음	선	진	취	별	잊	버
요	연	메	표	동	깜	소	부	빡
통	화	중	시	발	리	거	하	동
지	대	초	호	지	신	료	전	다
웬	역	번	일	수	댁	자	키	잘
확	축	번	인	신	못	지	걸	끊
단	다	하	호	자	우	물	정	자

[보기]

- 문자 메시지 : 전화로 글을 써서 보내는 메모
- :
- :
- :
- :
- :
- :

03 다음 이야기를 간접인용으로 바꾸십시오.

당나귀를 팔러 가는 아버지와 아들

아주 더운 여름 날, 아버지와 아들이 당나귀를 팔러 가고 있었습니다.
"❶ 힘들지 않니? ❷ 좀 쉬었다가 가자." 하고 아버지가 말했습니다.
"❸ 저 집에서 물 좀 마시고 가요." 아들이 말했습니다.

두 사람은 당나귀를 끌고 음식점으로 갔습니다. 한 아저씨가 술을 마시다가 큰소리로 웃으며 말했습니다.
"하하하, ❹ 바보들이구나. ❺ 더운데 왜 당나귀를 타고 가지 않는 거야?"
그래서 물을 마신 후 아버지는 아들을 당나귀에 태우고 길을 갔습니다. 길을 가다가 나이가 많은 노인을 만났습니다. 노인은 아들에게 야단을 쳤습니다.

"❻ 아버지가 나이가 많으신데 어린 아들이 왜 당나귀를 타고 가니? ❼ 어서 내려라."
아들은 당나귀에서 내렸습니다. 그리고,
"❽ 아버지가 당나귀에 타세요."라고 말했습니다.

아버지가 당나귀를 타고 가는데 이번에는 아이를 업은 어떤 아주머니를 만났습니다. 아주머니는 아버지에게 "❾ 아버지가 아들에게 이런 힘든 일을 시킬 수 있습니까? ❿ 당신 아들도 당나귀에 태워 주세요."라고 말했습니다.
아버지는 그 아주머니의 말이 맞는다고 생각했습

당나귀 donkey **끌다** to pull **바보** fool **태우다** to carry **야단을 치다** to scold **불쌍하다** to be poor **떨어뜨리다** to drop

정리

니다. 그래서 아버지와 아들이 같이 당나귀를 타고 갔습니다. 어떤 농부가 이것을 보고 "⑪ 당나귀가 불쌍해요. ⑫ 당신들은 나쁜 사람들이에요."라고 말했습니다.
아버지는 이 말을 듣고 다른 방법을 생각했습니다.
아버지는 아들에게 "얘야, ⑬ 당나귀에서 내리자. ⑭ 우리가 당나귀를 들고 가야겠다."라고 말했습니다.
아들과 아버지는 당나귀를 나무에 걸어 들고 갔습니다.

하지만 당나귀는 너무 무거웠습니다.
아버지와 아들은 다리를 건너가다가 당나귀를 물에 떨어뜨렸습니다.
"도와주세요! ⑮ 당나귀를 물에서 꺼내 주세요!"
아버지와 아들은 큰 소리로 말했지만 지나가는 사람이 아무도 없었습니다.

과제 1

❶ 아버지가 힘들지 않냐고 했습니다.

❷

❸

❹

❺

❻

❼

❽

❾

❿

⓫

⓬

⓭

⓮

⓯

정리

04 전화를 해서 약속을 취소하십시오.

[보기] 친구와 점심 약속이 있는데 어머니 생신 선물을 부치러 우체국에 가야 한다.

리에 : 마리아야, 나 리엔데.

마리아 : 리에구나. 웬일이야?

리에 : 오늘 우리 같이 점심 먹기로 했지?

그런데 어머니 생신 선물을 부치러 우체국에 가야 해.

마리아 : 그렇구나. 그럼 우리는 다음에 만나자.

그런데 너는 점심을 어떻게 할거야?

리에 : 우체국에 갔다 와서 간단하게 김밥이나 먹으려고 해.

마리아 : 그래, 알았어. 그럼 잘 갔다 와.

리에 : 미안해.

1) 친구와 같이 영화를 보기로 했는데 아버지가 오시기 때문에 공항에 가야 한다.

2) 친구와 같이 시험 준비를 하러 도서관에 가기로 했는데 비자 때문에 출입국관리 사무소에 가야 한다.

3) 선배와 같이 서울 구경을 하기로 했는데 내일 수업 발표가 있어서 공부를 해야 한다.

4) 초등학생에게 영어를 가르치기로 했는데 컴퓨터가 고장이 나서 컴퓨터를 고치러 가야 한다.

5) 한국 친구 집에 가기로 했는데 감기가 심해서 집에 가서 쉬고 싶다.

고치다 to fix **심하다** to be severe

리에가 본 한국

재미있는 전화번호 [CD2:23]

저는 다음 주에 이사를 하려고 합니다.
혼자 살아서 짐은 많지 않지만 도와줄 친구가 없어서 이삿짐센터에 부탁하려고 전화번호를 찾아 보았습니다.
그런데 재미있는 것은 이삿짐센터 전화번호는 ***-2424, ***-2404, ***-2482 등 거의 다 '24'라는 숫자가 들어갔습니다. 이 숫자는 한국말로 '이사'와 발음이 비슷해서 외우기 쉬웠습니다.
지난 주에는 설악산으로 여행을 가려고 기차표를 예약했는데 전화번호가 ****-7788이었습니다. '7788'은 한국에서 기차 소리를 나타내는 말 '칙칙 폭폭'과 발음이 비슷해서 재미있었습니다.
인터넷으로 재미있는 전화번호를 찾아보니까 한국말 발음과 비슷한 숫자를 사용한 전화번호가 여러 가지 있었습니다.

- **5252** : 오이오이(채소 가게)
- **9292** : 구이구이(닭구이 파는 가게)
- **5292** : 오리구이(오리구이 파는 가게)
- **8282** : 빨리빨리(택배)
- **4949** : 사구사구(시장)
- **4989** : 사구팔구(부동산)
- **1313** : 열쇠열쇠(열쇠 고치는 집)

짐 luggage **이삿짐센터** moving center **칙칙폭폭** chugs-puffs **구이** bake **부동산** real estate
천사 angel **사이** among **버튼** button **알파벳** alphabet

이런 번호를 사용하면 사람들이 외우기 쉬워서 그 가게를 더 많이 이용할 것 같습니다.
그 밖에도 1004(천사), 7942(친구사이), 5882(오빠빨리) 등 가게 전화번호는 아니지만 재미있는 전화번호도 있었습니다.

제가 미국에서 여행할 때는 CAR-RENT, ***-FLOWER 같은 전화번호를 봤습니다. 이것은 전화기 버튼에 쓰인 알파벳을 사용해서 전화번호를 만드는 방법인데 그것도 재미있는 방법인 것 같습니다.
그런데 한국에서는 휴대 전화 회사마다 번호에 쓰인 글자가 달라서 글자로 전화번호를 만들기는 어려울 것 같습니다.

1. 여러분 나라에는 어떤 재미있는 전화번호가 있습니까?

2. 여러분도 재미있는 전화번호를 한 번 만들어 보세요.

제8과 병원

01 낫지 않으면 다시 오세요

학습 목표 ● 과제 배탈 증세 말하기 ● 문법 에다가, ㅅ동사 ● 어휘 배탈 증세 관련 어휘

영수는 어디가 아픈 것 같습니까?
영수는 병원에서 무엇을 합니까?

CD2:24~25

영수 선생님, 배가 아파서 왔는데요.

의사 심하게 아프세요?

영수 너무 아파서 잠을 못 잤어요. 화장실에도 자주 가고요.

의사 어디 봅시다. (진찰을 한 후에) 식중독인 것 같군요.

영수 국에다가 해물을 넣어서 끓여 먹었는데 그것 때문인가요?

의사 그런 것 같아요.
약을 드시고 낫지 않으면 이틀 후에 다시 오세요.

심하다 to be terrible, serious

진찰 medical examination

식중독 food poisoning

해물 seafood

낫다 to get well

이틀 two days

어휘

01 배가 아픕니다.

소화가 안 되다

배탈이 나다

설사를 하다

토하다

속이 쓰리다

변비가 있다

02 알맞은 말을 넣으십시오.

1) 요즘 고민이 많아서 ______________ 어요/아요/여요.

2) 어제 밤에 음식을 잘못 먹어서 ______________ 었어요/았어요/였어요. 배가 너무 아파서 잠을 잘 수가 없었어요.

3) 매운 음식을 많이 먹어서 ______________ 었어요/았어요/였어요. 친구가 우유를 마시면 좋아질 거라고 했어요.

4) 어제 술을 너무 많이 마셨어요. 먹은 것을 ______________ 기도 했어요.

5) 저는 ______________ 어서/아서/여서 화장실에 가면 30분 동안 있어야 해요.

문법 연습

에다가

01 문장을 만드십시오.

[보기]

선생님이 칠판에다가 글씨를 쓰고 있어요.

❶

❷

❸

❹

❺

ㅅ동사

02 다음 표를 완성하고 질문에 대답하십시오.

어미 동사	-고	-었어요/ 았어요/였어요	-어서/아서/ 여서	-으니까/니까	-으면/면	-은/ㄴ
낫다	낫고					
짓다		지었어요				
붓다			부어서			
젓다				저으니까		
잇다					이으면	
긋다						그은

[보기] 가 : 다리가 아직도 아파요?
나 : 아니요, 다 나았는데요. (낫다)

1) 가 : 여기에도 새 건물을 짓는군요
나 : 네, 다 ______________ 으려면/려면 2년쯤 걸린다고 해요. (짓다)

2) 가 : 어제 축구하다가 다친 다리는 괜찮아요?
나 : 아니요, 아직도 많이 ______________ 어/아/여 있어요. (붓다)

3) 가 : 물을 붓고 끓이기만 하면 됩니까?
나 : 끓이면서 계속 ______________ 어야/아야/여야 돼요. (젓다)

4) 가 : 줄이 짧아서 묶을 수 없어요.
나 : 줄 두 개를 ______________ 어서/아서/여서 묶으면 돼요. (잇다)

5) 가 : 이 이야기는 너무 어려워요.
나 : 모르는 단어에 밑줄을 ______________ 어/아/여 보세요. (긋다)

과제 1 읽고 쓰기

틀린 것을 찾아서 고치십시오.

지난주에 저는 친구들과 같이 야구를 했습니다. 야구를 하기 전에 운동화를 신었는데 운동화 끈이 짧았어요. 그래서 다른 운동화 끈과 잇어서 길게 만들었어요.
야구를 하려고 운동장에 선을 긋었어요. 선을 긋고 열심히 야구를 했어요. 그런데 야구를 하다가 긴 운동화 끈 때문에 넘어졌어요.
그래서 다리를 다쳤어요. 빨리 일어나고 싶었지만 너무 아파서 일어날 수 없었어요. 점점 다리는 붓었어요.
친구들이 저를 데리고 병원으로 갔어요. 의사 선생님은 제 붓은 다리를 보시고 여러 가지 검사를 하셨어요. 그리고 붕대를 감아 주셨어요. 일주일 정도 치료를 받으면 낫을 거라고 하셨어요.
빨리 낫아서 친구들과 다시 야구를 했으면 좋겠어요.

[보기] 잇어서 ➜ 이어서

➜

➜

➜

➜

➜

운동화 sneakers **끈** string **선** line **긋다** to draw **넘어지다** to fall down
붓다 to swell **검사** examination **붕대** bandage **감다** to bandage, wind

과제 2 듣고 말하기 [CD2:26]

듣고 질문에 대답하십시오.

1) 김민지 씨는 왜 배탈이 났습니까?

2) 김민지 씨는 어디가 어떻게 아픕니까?

3) 식중독에 걸렸을 때 무엇을 해야 합니까?

4) 스트레스 때문에 배가 아플 때는 어떻게 해야 합니까?

5) 최지현 씨는 왜 배가 아픕니까?

- 여러분도 배가 아픈 적이 있습니까?
  언제, 왜, 어떻게 아팠는지 이야기해 보세요.

Dialogue

Youngsoo	Doctor, I am here because I have a stomachache.
Doctor	Does it hurt a lot?
Youngsoo	I was very sick so I couldn't sleep. I went to the toilet so many times as well.
Doctor	Let me see. (after the examination). It seems like a food poisoning.
Youngsoo	I put seafood in a soup and ate it. Do you think it caused it?
Doctor	I guess so. Take this medicine and come back a day after tomorrow if it doesn't get any better.

문법 설명

01 에다가

It is used with a noun to show a target spot or a space of an action. It is used only with a transitive verbs like '붙이다, 쓰다, 적다, 넣다, 놓다, 꽂다' and it is interchargable with '에'.

- 편지 봉투에다가 주소를 쓰세요. — Put your address on the envelop.
- 택시에다가 우산을 놓고 내렸어요. — I left my umbrella in the taxi.
- 수첩에다가 친구 전화번호를 적어 놓았어요. — I wrote my friend's telephone number in my diary.
- 크리스마스에는 선물을 양말에다가 넣어요. — We put some gifts in the socks on Christmas.

02 ㅅ verb

In some verbs whose stem ends with 'ㅅ', 'ㅅ' doesn't drop when it is connected with an ending that begins with a consonant: '−고, −지만, −는, −습니다.' But 'ㅅ' drops when connected with an ending that begins with a vowel: '−어요/아요, −었/았, −어도/아도, −으면, −으려고, −을까요...' These verbs are called 'ㅅ' verbs or 'ㅅ' irregular verb. Examples are '긋다, 낫다, 붓다, 잇다, 젓다, 짓다…'.

• 형은 큰 집을 짓고 동생은 작은 집을 지었습니다.	A big brother built a big house and a younger brother built a small house.
• 병이 나으면 기분도 나아질 거예요.	You would feel better when the illness is healed.
• 젓가락으로 젓지 말고 숟가락으로 저어서 드세요.	Do not stir with chopsticks but with a spoon.
• 물을 붓고 간장을 좀 더 부으세요.	Put some more water in and then add more soy sauce.

02 목이 좀 아픈 데다가 콧물도 나요

학습 목표 ● 과제 감기 증세 말하기 ● 문법 -는 데다가, -지 말고 ● 어휘 감기 증세 관련 어휘

리에는 지금 어디에 있습니까?
리에는 어디가 아픈 것 같습니까?

CD2:27~28

의사	증세가 어떠세요?
리에	목이 좀 아픈 데다가 콧물도 나요.
의사	목이 많이 부었군요. 언제부터 그랬어요?
리에	어제 아침부터 아팠는데 점점 심해져요.
의사	몸살감기인 것 같군요. 과로하지 말고 푹 쉬셔야 합니다.
리에	일이 많아서 쉴 수 있을지 모르겠어요.

증세 symptom
콧물 nasal mucus, snot
점점 little by little
몸살감기 flu: cold accompanied by chills and muscle aches
과로하다 to work too hard
푹 deeply, well

어휘

감기 증세입니다.

기침을 하다

두통이 심하다

목이 쉬다

몸이 떨리다

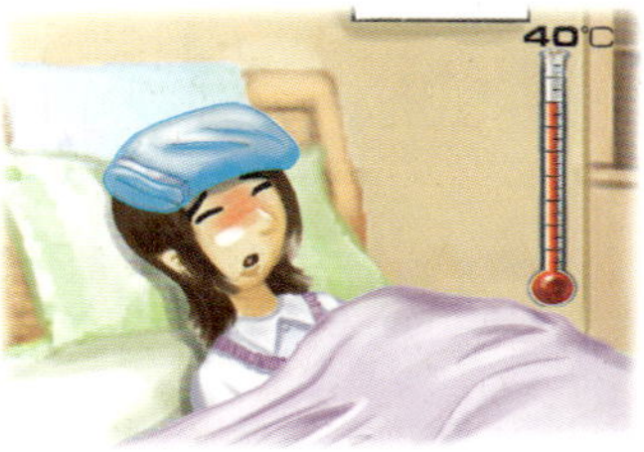

열이 나다

코가 막히다

02 알맞은 말을 넣으십시오.

1) 가 : 엄마, 너무 춥고 힘이 없어요.

   나 : 어디 보자. 앗, 뜨거워. ______________ 는구나/구나.

2) 가 : 감기가 심한 것 같군요.

   나 : 네, ______________ 을/ㄹ 때마다 목이 아파요.

3) 가 : 춥지도 않은데 옷을 왜 두껍게 입었어요?

   나 : 열이 있어서 옷을 많이 입어도 ______________ 네요.

4) 가 : 어디 아프세요? 힘들어 보여요.

   나 : ______________ 어서/아서/여서 머리가 깨질 것 같아요.

5) 가 : 감기에 걸린 것 같아요. ______________ 어서/아서/여서 목소리가 이상해졌어요.

   나 : 따뜻한 물을 자주 드시면 좋아질 거예요.

문법 연습

-는/은/ㄴ 데다가

01 그림을 보고 문장을 만드십시오.

[보기]

리에 씨는 열이 나는 데다가 목도 많이 아픈 것 같아요.

❶

날씨가 ______________________

❷

이 옷은 ______________________

❸

우리 선생님은 ______________________

❹

이 휴대폰은 ______________________

❺

어제는 ______________________

-지 말고

02 대답하십시오.

[보기] 가 : 영화를 볼까요?
나 : 아니요, 재미있는 영화가 없으니까 영화를 보지 말고 공원에 갑시다.

1) 가 : 택시를 탈까요?
나 : 아니요, ____________________

2) 가 : 테니스를 칠까요 ?
나 : 아니요, ____________________

3) 가 : 자장면을 배달시킬까요?
나 : 아니요, ____________________

4) 가 : 선생님께 물어볼까요?
나 : 여기 사전이 있으니까 ____________________

5) 가 : 생일 선물로 책을 살까요?
나 : 아니요, ____________________

과제 1 쓰고 말하기

무엇을 조심해야 합니까? 친구들과 이야기해 봅시다.

[보기] 목이 아픕니다	말을 많이 하지 말고 물을 많이 드세요.
1) 기침이 납니다	
2) 콧물이 납니다	
3) 목이 쉬었습니다	
4) 열이 납니다	
5) 몸이 떨립니다	

과제 2 말하기

두 사람이 이야기해 봅시다.
한 사람은 감기 증세를 말하고 또 한 사람은 의사가 되어서 처방을 하십시오.

[보기] 의사 : 어떻게 오셨습니까?
환자 : 기침을 심하게 하는 데다가 열도 나요.
의사 : 언제부터 기침을 하셨습니까?
환자 : 3일 전쯤부터 했어요.
의사 : 기침을 할 때 가래가 나옵니까?
환자 : 아니에요. 그런데 기침을 할 때 목이 많이 아파요.
의사 : '아~~' 해 보세요.
환자 : 아~~
의사 : 열은 심하지 않으시군요. 그런데 목이 많이 부었어요.
목감기입니다. 주사를 맞으셔야겠어요.
약은 이틀 분을 처방해 드릴 테니까 드세요.
그리고 이틀 후에 다시 오셔야 합니다.

의사 : ______________________________

환자 : ______________________________

의사 : ______________________________

환자 : ______________________________

의사 : ______________________________

환자 : ______________________________

처방 prescription **가래** sputum, phlegm **주사** injection

Dialogue

Doctor	What are your symptoms?
Rie	I have a sore throat and a runny nose as well.
Doctor	Your throat is swollen a lot. When did you start having it?
Rie	Since yesterday morning and it has been gradually getting worse.
Doctor	It seems you have a cold and are completely exhausted. Don't work too much and rest well.
Rie	I don't know whether I can take a rest because I have a lot of work to do.

문법 설명

01 -는/은/ㄴ 데다가

It is used with a verb and shows the content in the second clause is adding up to the first clause.

- 요즘은 사업이 잘 되는 데다가 아이들도 공부를 잘 해서 정말 행복해요. — I am happy that my business is running well and moreover my children are studying well.
- 숙제가 어려운 데다가 시간도 없어서 숙제를 할 수 없었어요. — I couldn't do my homework because the homework was difficult and in addition I didn't have time.
- 점심을 늦게 먹은 데다가 몸이 안 좋아서 입맛이 없어요. — I don't feel like eating because I had lunch late and I also don't feel well.
- 이 식당은 음식 값이 싼 데다가 아주머니도 친절해요. — The food at this restaurant is cheap and the woman is kind.

02 -지 말고

It is used with an action verb and it expresses not to do something. Following clause is often imperative sentences like '-으십시오/십시오, -어라/아라/여라' or propositive sentences like '-읍시다/ㅂ시다, -자'.

• 그렇게 서 있지 말고 들어 와라.	Don't stand like that and come in.
• 바다로 가지 말고 산으로 갑시다.	Let's not go the sea but go to a mountain.
• 늦었으니까 버스를 타지 말고 택시를 타고 가세요.	Don't take a bus but take a taxi because it is late.
• 아버지는 나에게 늦게까지 공부하지 말고 일찍 자라고 하세요.	My father asks me not to study until late at night but sleep early.

03 약을 사기 위해서는 처방전이 있어야 합니다

학습 목표 ● 과제 약국 이용하기 ● 문법 -기 위해서, 아무 ● 어휘 약 관련 어휘

웨이는 어디에 있습니까?
약국에서 약을 받으려면 무엇이 필요합니까?

CD2:29~30

웨이 콧물이 많이 나서 왔는데요.

약사 약을 사기 위해서는 처방전이 있어야 합니다.

웨이 약을 살 때 항상 처방전이 있어야 합니까?

약사 그런 것은 아니지만 아무 약이나 드시면 안 되니까요.

웨이 우선 처방전 없이 받을 수 있는 약을 주십시오.

약사 오늘은 종합 감기약만 드리겠습니다.

나다 to come out
처방전 prescription
종합 multiple

어휘

01 여러 가지 약이 있습니다.

1) **소화제**는 음식을 먹고 소화가 되지 않을 때 먹어요.
2) **진통제**는 이나 머리가 아플 때 먹어요.
3) **영양제**는 아이들이나 노인들이 많이 먹어요. 비타민이나 칼슘 등이 있어요.
4) **피부 연고**는 피부에 문제가 있을 때 바르는 약이에요.
5) **소독약**은 다친 곳을 깨끗하게 하는 약이에요.
6) **수면제**는 잠을 자고 싶은데 잘 수 없을 때 먹는 약이에요.

02 무슨 약이 필요합니까?

소화제

....

....

....

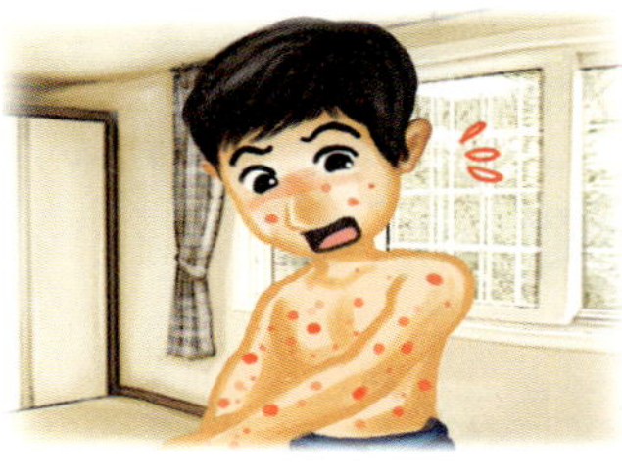

....

....

문법 연습

-기 위해서

01 그림을 보고 대답하십시오.

[보기]

가 : 왜 돈을 모읍니까?

나 : 가난한 사람들을 돕기 위해서 돈을 모읍니다.

1

가 : 누구를 위해서 도서관을 짓고 있습니까?

나 :

2

가 : 무엇을 위해서 동네 청소를 합니까?

나 :

3

가 : 왜 휴가를 신청하셨습니까?

나 :

4

가 : 왜 한국에 오셨습니까?

나 :

5

가 : 왜 프랑스로 유학을 가십니까?

나 :

아무

02 대답하십시오.

[보기] 가 : 무슨 음식을 먹고 싶어요?
나 : 아무 음식이나 괜찮아요.

1) 가 : 일요일에는 언제 시간이 있어요?
나 : ________________

2) 가 : 어디에 앉을까요 ?
나 : ________________

3) 가 : 생일 선물로 뭘 받고 싶어요?
나 : ________________

4) 가 : 그 사람한테 어떤 옷이 잘 어울려요?
나 : ________________

5) 가 : 이 사과를 누구에게 줄까요?
나 : ________________

과제 1 말하기

어떻게 하면 좋겠습니까? 대화를 만드십시오.

[보기] 가 : 피부가 나빠져서 고민이에요.
나 : 피부가 좋아지기 위해서는 잠을 많이 자고 비타민 C를 드셔야 합니다.

1) 키가 작아서 고민
2) 머리카락이 빠져서 고민
3) 살이 빠져서 고민
4) 자주 감기에 걸려서 고민
5) 눈이 나빠져서 고민

가 : ______

나 : ______

비타민 vitamins **머리카락** a hair **살이 빠지다** to lose weight

과제 2 쓰고 말하기

필요한 약을 쓰고 그 약을 사용해 본 경험을 이야기하십시오.

	필요한 약
넘어져서 다쳤을 때	소독약
이나 머리가 아플 때	
여드름이 났을 때	
소화가 되지 않을 때	
피곤할 때	
잠이 오지 않을 때	

[보기] 저는 어렸을 때 자주 넘어졌어요. 그래서 무릎에 상처가 자주 났어요. 무릎에 상처가 났을 때마다 아버지께서 소독약을 발라 주셨어요.

여드름 pimple **무릎** knee

Dialogue

Wai	I'm here because I have a runny nose.
Pharmacist	You have to have a prescription to buy medicine.
Wai	Do you always have to get a prescription to buy medicine?
Pharmacist	That's not the case. It's because you should not take any kind of medicine.
Wai	First, give me any medicine that I can buy without a prescription.
Pharmacist	I'll just give you multi-cold medicine today.

문법 설명

01 –기 위해서

It is used with an action verb to show purposes or intentions. In other word, the second clause shows the effort in order to proceed the purpose from the preceding clause.

- 버스를 타기 위해서 30분을 기다렸어요. I've been waiting for a bus for 30 minutes.
- 학비를 벌기 위해서 아르바이트를 했어요. I worked as a part-time in order to save money for my tuition.
- 대학생들이 좋은 회사에 취직하기 위해서 열심히 공부합니다. University students study hard to get a job in a good company.

It is used with a noun in the form of '을/를 위해서'.

- 사랑하는 가족을 위해서 아버지들은 열심히 일을 한다. — Fathers work hard for their loving familiy.
- 전쟁이 일어나면 많은 젊은이들이 나라를 위해서 싸운다. — Many youth fight for their country when the war occurs.
- 성공을 위해서 이 정도의 고통은 참아야 한다. — We have to bear the hard moment like this in order to succeed.

02 아무

It is used with nouns of 'time' 'place' 'thing' 'person' etc. and indicates not only a particular thing but all.

- 아무 데나 갑시다. — Let's go anywhere.
- 이곳에 아무나 들어갈 수 있어요? — Can anyone enter this place?
- 우리 집에 아무 때나 와도 좋아요. — Come to my house anytime you wish.
- 마음에 드는 것은 아무 것이나 다 가져라. — Take whatever you like.

04 환자가 얼마나 많은지 몰라요

학습 목표 ● 과제 병원 이용하기 ● 문법 얼마나 -는지 모르다, -나 보다 ● 어휘 병원 관련 어휘

여기는 어디입니까?
병원을 이용할 때 불편한 점은 무엇입니까?

진료 medical examination
환자 patient
환절기 a time of changing the season

CD2:31~32

정희 김 박사님께 진료를 받으려고 하는데요.
병원 직원 어디가 안 좋으시죠?
정희 계속 피곤하고 소화도 안 되는데 이유를 모르겠어요.
병원 직원 김 박사님께 진료를 받으시려면 2주일은 기다리셔야 합니다.
정희 2주일요? 김 박사님 환자가 많은가 봐요.
병원 직원 네. 요즘 환절기여서 환자가 얼마나 많은지 몰라요.

어휘

01 병원에 갑니다.

1) 아프면 돈이 많이 필요해요. 그래서 **건강 보험**에 들어서 돈을 조금씩 내면 아플 때 도움을 받을 수 있어요.
2) 병이 빨리 나으려면 병원에 가서 **치료**를 받아야 돼요.
3) 저는 어렸을 때 일주일 동안 병원에 **입원**을 한 적이 있어요.
4) 전에는 칼로만 **수술**을 했지만 요즘은 여러 가지 방법으로 할 수 있어요.
5) 그 사람은 오랫동안 **입원**해 있었지만 지금은 병이 다 나아서 **퇴원**을 했어요.
6) 종합 병원에서 진찰을 받으려면 개인 병원에서 **진단서**를 받아서 가지고 가야 해요.

02 연결하십시오.

1) 건강 보험 •	• 가) 치료를 받기 위해서 병원의 병실에서 먹고 자는 일
2) 수술 •	• 나) 의사가 환자의 병을 보고 그 결과를 적은 증명서
3) 입원 •	• 다) 아플 때 도움을 받기 위해서 건강할 때 조금씩 돈을 내는 것
4) 진단서 •	• 라) 병을 낫게 하는 일
5) 치료 •	• 마) 몸에 문제가 있을 때 칼을 사용해서 고치는 방법

문법 연습

얼마나 -는지, 은지/ㄴ지 모르다

01 대답를 쓰십시오.

[보기] 가 : 요즘 바빠요?
나 : 네, 얼마나 바쁜지 몰라요.

1) 가 : 그 사람이 돈이 많아요?
나 : 네, ______________________

2) 가 : 물이 뜨거워요?
나 : 네, ______________________

3) 가 : 한국말로 전화하기가 어려워요?
나 : 네, ______________________

4) 가 : 학생들이 열심히 공부해요?
나 : 네, ______________________

5) 가 : 어머니께서 걱정을 많이 하셨어요?
나 : 네, ______________________

-나, 은가/ㄴ가 보다

02 그림을 보고 대답하십시오.

[보기]

가 : 왜 이렇게 차가 밀려요?
나 : 앞에서 사고가 났나 봐요.

❶

가 : 아기가 계속 울기만 해요.
나 : ______________________________

❷

가 : 왜 전화를 안 받을까요?
나 : ______________________________

❸

가 : 민철 씨가 날마다 꽃을 사 줘요.
나 : ______________________________

❹

가 : 마리아 씨가 시험을 잘 봤군요.
나 : ______________________________

❺

가 : 학교에 학생들이 한 명도 없어요.
나 : ______________________________

과제 1 쓰고 말하기

그림을 보고 이야기를 완성해 보십시오.

[보기]

저는 어렸을 때 주사를 싫어했어요. 병원에서 주사를 맞는 것이 얼마나 무서웠는지 몰라요. 그래서 아파도 어머니께 말하지 않았어요. 병원에 가지 않아서 더 아플 때도 많았어요. 얼마나 바보 같았는지 몰라요.

❶

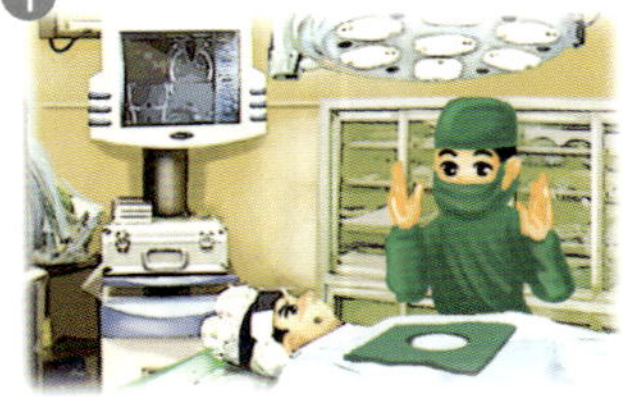

❷

❸

❹

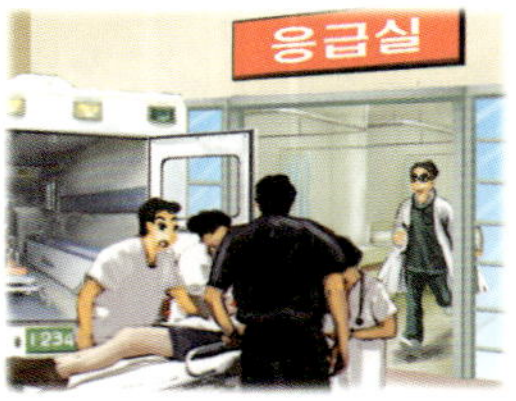

❺

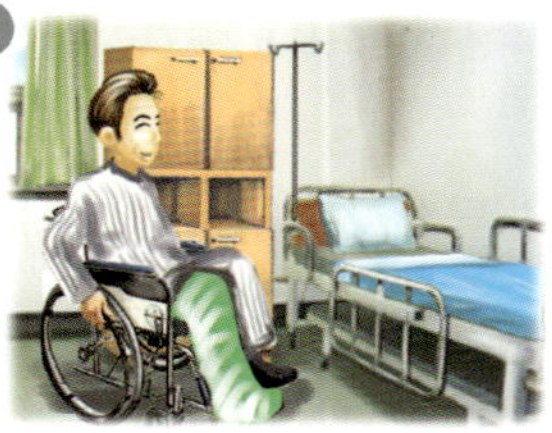

무섭다 to be scary

과제 2 말하기

표에 메모를 하십시오.

병원에서 만날 수 있는 사람	
병원에서 볼 수 있는 것	
병원에서 하는 일	

- 병원에서의 여러 가지 대화를 만드십시오.
  1. 병원에 처음 갔을 때 간호사와의 대화
  2. 처방전을 받을 때 간호사와의 대화
  3. 진료 받는 시간을 묻는 대화

간호사 :

환자 :

간호사 :

환자 :

간호사 :

환자 :

Dialogue

Jeonghee I would like to get a medical check-up from Dr. Kim.

Staff What's wrong?

Jeonghee I keep feeling tired and I have indigestion but I don't know why.

Staff You have to wait for two weeks in order to see Dr. Kim.

Jeonghee Two weeks? He must have a lot of patients.

Staff Yes. There are so many patients maybe because it is the time of changing season.

문법 설명

01 얼마나 -는지, 은지/ㄴ지 모르다

It is used with a verb to emphasize the fact in the verb.

• 이 책이 얼마나 어려운지 몰라요.	You can't imagine how hard the book is.
• 그 사람이 얼마나 부자인지 몰라요.	You can't imagine how rich he is.
• 이 떡이 얼마나 맛있는지 모릅니다.	You can't imagine how delicious this rice cake is.
• 학생들이 얼마나 열심히 배우는지 모릅니다.	You can't imagine how hard the students study.
• 음식이 맛있어서 얼마나 많이 먹었는지 모릅니다.	You can't imagine how much food I ate because they were so delicious.

02 -나, 은가/ㄴ가 보다

It is used with a verb to express prediction. Especially it is used when a speaker makes a supposition from the passive experience or something the speaker interpreted from an observed fact, without any direct experience. In case of action verbs or past tenses, it is used as '-나 보다', and it case of descriptive verbs '-은가/ㄴ가 보다' is used.

- 아이가 새 선생님이 좋은가 봐요. 집에 와서 선생님 이야기를 많이 해요. — A child seems to like her new teacher. She talks about the teacher a lot at home.
- 옆 방에 누가 있나 봐요. 무슨 소리가 들려요. — There seems to be somebody next room. I hear a sound.
- 저 남자는 정말 저 여자를 사랑하나 봐요. — It seems that man must really like that woman.
- 급하게 먹는 걸 보니까 오랫동안 못 먹었나 봐요. — You must not have eaten for a long time since I see you eating so fast.
- 문을 닫는 걸 보니까 이제 연극을 시작할 건가 봐요. — The play must be on now as I see they are closing the door.

05 정리해 볼까요?

01 발음해 봅시다. [CD2:33]

약을 드시고 낫지 않으면 이틀 후에 다시 오세요

목이 좀 아픈 데다가 콧물도 나요

오늘은 종합 감기약만 드리겠습니다

김 박사님께 진료를 받으려고 하는데요

02 아픈 증세를 말하고 필요한 약을 말해 봅시다.

아픈 증세	약
소화가 안 돼요.	소화제

정리

03-1 연습해 봅시다.

[보기] 약을 먹고 병이 다 나았어요. (낫다)

1) 아이가 ________ 으니까/니까 정말 귀엽구나. (웃다)
2) 자고 일어나니까 다친 다리가 많이 ________ 어/아/여 있었다. (붓다)
3) 화장실에서 나오기 전에 손을 ________ 었다/았다/였다. (씻다)
4) 할머니께서 미소를 ________ 으며/며 저를 보고 계셨어요. (짓다)
5) 공책을 다 썼으면 다른 공책에 ________ 어서/아서/여서 숙제를 하세요. (잇다)

03-2 알맞은 말을 넣으십시오.

1) 가 : 초콜릿이 그렇게 맛있니?
   나 : 그럼, 얼마나 ________ 는지/은지/ㄴ지 몰라. 너도 조금 먹어 봐.
2) 가 : 평일에도 이 극장에는 사람이 정말 많군요.
   나 : 영화가 ________ 나/은가/ㄴ가 봐요.
3) 가 : 많이 피곤해 보이는군요. 어디 아프세요?
   나 : 아니에요, 어제 ________ 는/은/ㄴ 데다가 ________ 어서/아서/여서 그래요.
4) 가 : 우리 카페에 가서 이야기할까?
   나 : 아니, 오늘은 ________ 지 말고 ________.
5) 가 : 왜 시골로 이사를 가려고 해?
   나 : ________ 기 위해서 ________.

정리

04 병원에 가서 어디가 아파서 왔는지 이야기해 보십시오.

내과	배가 아프다, 머리가 아프다, 열이 나다, 소화가 안 되다, 속이 쓰리다
외과	다리를 다치다, 뼈가 부러지다, 피가 많이 나다
치과	이가 아프다, 이가 빠지다, 이를 교정하다, 이가 썩다
이비인후과	목이 아프다, 코피가 많이 나다, 귀에서 소리가 나다
피부과	가렵다, 얼굴에 여드름이 나다
정신과	잠을 자지 못하다, 우울하다, 불안하다
안과	눈이 따갑다, 충혈이 되다, 눈이 붓다

[보기] **이비인후과**

의사 : 어떻게 오셨습니까?
환자 : 귀가 붓고 아파서 왔는데요.
의사 : 어디 봅시다. 귀에서 소리는 나지 않아요?
환자 : 움직일 때 물소리가 나는 것 같아요.

__________ 과
의사 : 어디가 아프십니까?
환자 : ______________________
의사 : ______________________
환자 : ______________________

내과 internal department **외과** surgical department **치과** dentistry **이비인후과** ear, nose, and throat department **피부과** dermatology **정신과** psychiatry **안과** ophthalmology **부러지다** to be broken **피** blood **교정하다** to straighten (teeth) **썩다** to be rotten **코피** nose bleeding **가렵다** to be itchy **우울하다** to be depressed **불안하다** to be anxious **따갑다** to be stinging **충혈이 되다** eyes to be bloodshot **움직이다** to move

병문안 [CD2:34]

웨이 씨가 교통사고가 났어요. 일주일 동안 병원에 입원해서 제가 문병을 갔어요. 웨이 씨는 다리에 깁스를 하고 있었어요. 다리를 움직일 수 없어서 하루 종일 누워 있다고 했어요. 답답해하는 것 같았어요.
조금 후에 영수 씨가 왔어요. 영수 씨는 자동차 잡지와 만화책을 가지고 왔어요. 웨이 씨가 좋아했어요.
제임스 씨도 병문안을 왔어요. 제임스 씨는 우유와 호두를 사 가지고 왔어요. 모두 뼈에 좋은 거라고 했어요.
그런데 제 선물만 웨이 씨에게 주지 못했어요. 꽃을 사 가지고 갔는데 가지고 들어갈 수 없었어요. 관리하시는 아저씨가 가지고 갈 수 없다고 했어요. 꽃 알레르기가 있는 사람도 있어서 그런가 봐요.
우리 네 사람은 같이 이런저런 이야기를 했어요. 친구들과 재미있는 이야기를 하니까 웨이 씨도 기분이 좋아진 것 같았어요. 영화에서 본 것처럼 깁스 위에 무엇인가를 쓰면 웨이 씨가 빨리 나을 것 같았어요. 그래서 웨이 씨의 깁스 위에 '빨리 나으세요 – 리에', '빨리 나아서 같이 축구하자 – 영수', '멋지게 뛰는 모습을 보여줘 – 민지'라고 썼어요. 우리가 쓴 말 덕분에 웨이 씨는 더 빨리 나을 거예요.

- 여러분 나라에서는 아픈 친구들에게 병문안을 갈 때 무엇을 가지고 갑니까? 또 어떻게 인사를 합니까? 같이 이야기해 봅시다.

병문안 visiting a patient **문병** visiting a patient **깁스** cast **답답해하다** to feel tight/to feel anxious
호두 walnut **뼈** bone **알레르기** allergy **멋지다** to be splendid

제9과 여행

01 지난 여름에 갔던 동해 바다가 제일 기억에 남아요

학습 목표 ● 과제 여행 경험 말하기 ● 문법 밖에, -었던 ● 어휘 여행의 종류 관련 어휘

여기는 어디입니까?
영수 씨가 무엇을 하고 있습니까?

CD2:35~36

리에 영수 씨는 해외여행을 많이 해 봤어요?
영수 아니요, 너무 바빠서 국내 여행밖에 못 했어요.
리에 그럼 지금까지 여행한 곳 중에서 어디가 제일 좋았어요?
영수 지난 여름에 갔던 동해 바다가 제일 기억에 남아요.
리에 거기에서 무엇을 하셨어요?
영수 일출을 봤는데 영화의 한 장면 같았어요.

해외
overseas
동해
East Sea
기억에 남다
to be remembered
일출
sun rising
장면
scene

어휘

01 어떤 여행을 하고 싶습니까?

국내 여행

해외여행

배낭여행

신혼여행

수학여행

단체 관광

02 알맞은 말을 넣으십시오.

1) 여행을 싸게 하려면 ____________ 을/를 하는 것이 좋다. 여러 사람이 같이 구경을 하기 때문에 자기가 가고 싶은 곳만 갈 수는 없지만 유명한 관광지를 구경할 수 있다.

2) ________________ 은/는 기억에 오래 남는다. 학교 친구들과 함께 재미있는 추억을 많이 만들 수 있다.

3) 나는 비행기를 타는 것을 싫어해서 다른 나라로 여행을 가기가 힘들다. 그래서 방학마다 버스나 기차를 타고 ________________ 을/를 한다.

4) 돈이 많이 들지 않는 여행을 하려면 ____________ 이/가 제일 좋다. 고생은 하지만 여기저기를 다니면서 배우는 것이 아주 많다.

5) 나는 결혼을 하면 ____________ 을/를 한 달 동안 가고 싶다. 좋은 곳에 가서 사랑하는 사람과 미래를 계획하고 아름다운 추억도 많이 만들고 싶다.

문법 연습

밖에

01 그림을 보고 대답을 쓰십시오.

[보기]

가 : 아침에 뭘 잡수세요?
나 : 아침에 우유밖에 안 먹어요.

❶

가 : 양복이 몇 벌이나 있어요?
나 : ______________________

❷

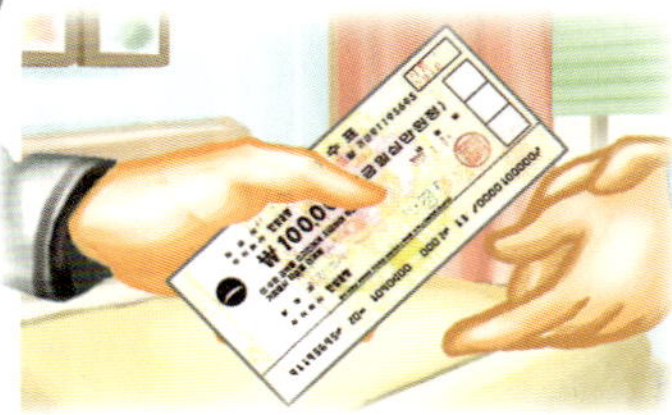

가 : 한 달에 용돈을 얼마나 쓰세요?
나 : ______________________

❸

가 : 여기서 지하철역까지 얼마나 걸려요?
나 : ______________________

❹

가 : 학생들이 다 왔어요?
나 : ______________________

❺

가 : 지난 주말에 여기저기 많이 구경했어요?
나 : ______________________

-었던/았던/였던

02 대답을 쓰십시오.

[보기] 가 : 어디에서 만날까요?
나 : 지난 번에 만났던 커피숍에서 만납시다.

1) 가 : 어느 자리에 앉을까요?
나 : 어제 ______________________

2) 가 : 어느 옷이 제일 잘 어울려요?
나 : 아까 ______________________

3) 가 : 무슨 노래를 부를 거예요?
나 : 지난 번에 ______________________

4) 가 : 저 여학생은 누구예요?
나 : 지난 주에 ______________________

5) 가 : 제일 기억에 남는 여행지는 어디예요?
나 : 작년에 ______________________

과제 1 말하기

여러분의 고향에 친구를 데리고 왔습니다. 친구에게 이곳을 소개해 주십시오.

[보기] 저 학교는 내가 처음 한글을 배웠던 곳이야.

물에 빠지다 to fall into the water **한글** Hangeul/Korean alphabet **키스** kiss **민박** lodging at a private house **여관** inn

과제 2 쓰기

여행 경험을 써 봅시다.

1) 아래 표를 채우십시오.

	[보기]	나
여행 일시	2007년 봄	
여행 장소	춘천	
여행 기간	1 박 2 일	박 일
같이 간 사람	친구	
교통편	①비행기 ②배 ③버스 ④기차 ⑤기타( )	①비행기 ②배 ③버스 ④기차 ⑤기타( )
잠을 잔 곳	①호텔 ②여관 ③민박 ④기타( )	①호텔 ②여관 ③민박 ④기타( )
구경한 곳	소양댐, 청평사	
한 일	사진 찍기, 자전거 타기, 닭갈비 먹기, 소양댐, 청평사 구경하기	

2) 위의 표를 이용해서 이야기를 써 봅시다

[보기] 저는 2007년 봄에 친구와 같이 춘천으로 여행을 갔어요.
청량리역에서 기차로 2시간쯤 걸려서 춘천역에 도착했어요.
주말이라서 그런지 대학생들이 많아서 기차 안이 아주 시끄러웠어요.
그렇지만 그 소리가 듣기 싫지 않았어요.
춘천은 조용하고 분위기가 좋은 도시였어요.
자전거를 타고 구경하면서 사진을 많이 찍었어요.
저녁에는 호텔 근처에 있는 음식점에서 닭갈비를 먹었어요.
아주머니도 친절하고 음식도 맛있었어요.
다음 날은 소양 댐을 구경했어요.
거기서 다시 배를 타고 청평사로 갔어요.
푸른 나무숲을 보니까 마음이 얼마나 시원했는지 몰라요.
구경을 하고 다시 기차를 타고 집으로 돌아왔어요.

춘천 Chuncheon **소양 댐** Soyang dam **청평사** Cheongpyoung temple **분위기** atmosphere **푸르다** to be green

[내 경험]

Dialogue

Rie	Youngsoo, have you travelled overseas a lot?
Youngsoo	Not really. I only traveled around Korea because I was very busy.
Rie	Then, which place did you like the most among the places you have travelled to so far?
Youngsoo	The East Sea, where I went last summer, made the biggest impression on me.
Rie	What did you do there?
Youngsoo	I saw the sunrise and it was just like a scene in a movie.

문법 설명

01 밖에

It comes after a noun and shows there isn't any options. Negative forms like '안, 못, 없다, 모르다' are used together.

- 손님이 두 명밖에 안 왔어요. — There were only two customers came.
- 음식이 조금밖에 안 남았어요. — There is only a little food left.
- 나는 그 사람 이름밖에 몰라요. — I know nothing but his name.
- 교실에는 그 학생밖에 없었어요. — There was nobody in the classroom except that student.

02 –었던/았던/였던

It is used with a verb to express recollection of a past experience that happened just one time and did not continue to the present, or past fact that is different from the present.

• 한 번 만났던 사람은 절대 잊어버리지 않는다.	I never forget a person who I have met once before.
• 내가 어렸을 때 다녔던 초등학교가 없어졌다.	The elementary school I used to go has disappeared.
• 나무가 많았던 숲에 이제는 큰 공장이 세워졌다.	A big factory was built in the woods where there used to be a lot of trees.
• 꼬마였던 그 아이가 이제는 처녀가 되어 나타났다.	The girl who was once small has now shown up as a lady.

02 경주는 신라의 수도였지요?

학습 목표 ● 과제 여행 계획하기 ● 문법 의, -던 ● 어휘 여행 준비 관련 어휘

두 사람은 무슨 이야기를 하고 있습니까?
경주는 어떤 곳일까요?

CD2:37~38

리에 이번 연휴에 친구들과 같이 여행을 할까 하는데 어디가 좋을까요?

영수 설악산과 제주도는 가 봤다고 했으니까 이번에는 경주에 가 보세요.

리에 경주는 신라의 수도였지요? 저도 가 보고 싶었어요.

영수 역사적인 볼거리가 많아서 재미있을 거예요.

리에 싸고 좋은 숙박 시설도 있어요?

영수 제가 자주 가던 호텔이 있는데 인터넷으로 예약해 드릴까요?

수도 capital city

역사적 historical

볼거리 things to sightsee

숙박 시설 accommo-dation facilities

어휘

여행을 할 때 무엇이 필요합니까?

교통편

여행 안내서

여행 경비

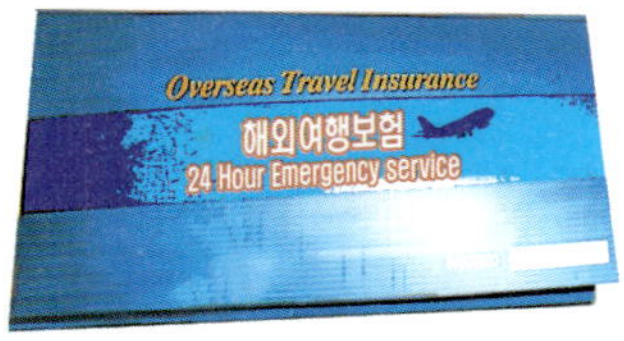

여행자 보험

3박 4일

숙박 시설

02 알맞은 말을 넣으십시오.

이번 여름에는 여행을 가려고 한다. 한국어 공부도 중요하지만 한국의 여기저기를 구경하고 싶다. 그래서 오늘은 학교 안에 있는 여행사에 갔다. 여행사에는 여행지를 소개하는 ____________ 이/가 많았다.

서울 근처에 있는 여행지는 __________ 이/가 좋아서 기차나 버스를 타면 하루 안에 다녀올 수 있다. 그리고 2박 3____ 이나/나 3____ 4일로 계획을 세우면 한국의 어디든지 갈 수 있을 것 같았다.

여행사 직원은 남해 바다를 추천해 주었다. 남해 바다가 경치도 아름답고 __________ 도 좋아서 편하게 잘 수 있다고 했다.

그리고 내가 외국인이니까 안전하게 __________ 에 가입하는 것이 좋을 거라고 했다.

__________ 도 생각보다 비싸지 않았다.

여행사에서 나오면서 나는 여행갈 생각 때문에 즐거웠다.

문법 연습

의

01 알맞은 그림을 찾아서 문장을 만드십시오.

[보기]

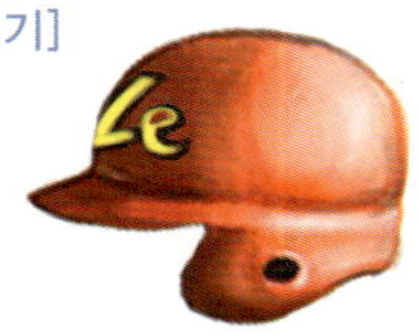

이것은 야구 선수의 모자입니다.

❶ 

____

❷ 

____

❸ 

____

❹ 

____

❺ 

____

-던

02 그림을 보고 문장을 만드십시오.

[보기]

아버지

나

아버지께서 타시던 자동차를 제가 탑니다.

①

언니

나

한복을 제가 입었습니다.

②

형

나

피아노를 제가 치고 있습니다.

③

나

나

학교에 가 보았습니다.

④

삼촌

나

회사에 취직을 했습니다.

⑤

아이

엄마

케이크를 엄마가 먹고 있어요.

과제 1 쓰기

경주에서 구경을 했습니다. 누가 쓰던 물건입니까?

왕　　왕비　　왕자　　공주

[보기] 이 의자는 왕이 앉던 의자예요.

왕 king　**왕비** queen　**왕자** prince　**공주** princess

과제 2 말하기

친구와 같이 여행 계획을 세우십시오.

[보기]

여행지	부산
여행기간	2박 3일
교통편	기차(KTX)
숙박시설	여관
일정	첫째 날– 해운대 해수욕장, 자갈치 시장 둘째 날– 범어사 셋째 날– 태종대

가 : 이번 방학 때 부산에 가려고 하는데 너도 같이 갈래?

나 : 좋아. 그런데 무엇을 타고 갈까? 나는 기차 여행을 안 해 봐서 기차를 타고 싶은데.

가 : 그래, 아직 시간이 있으니까 기차표를 예매할 수 있을 거야.

나 : 좋아. 그럼 잠은 어디에서 자지?

가 : 호텔은 너무 비싸니까 여관이 어때? 부산에는 깨끗하고 시설이 좋은 여관이 많다고 들었어.

나 : 그래. 그러자. 가서 무엇을 할까?

가 : 해운대에는 제일 유명한 해수욕장이 있으니까 가 보자.

나 : 나는 한국 문화를 볼 수 있는 범어사에도 가고 싶고 태종대도 구경하고 싶어. 맑은 날에는 태종대에서 일본도 볼 수 있다고 해.

가 : 좋아. 그럼 첫째 날에는 해운대를 구경하고 자갈치 시장에서 회를 먹자. 둘째 날에는 범어사에 가고 돌아오는 길에 태종대에도 들르자. 그렇게 하려면 2박 3일쯤 여행해야겠어.

나 : 그래. 2박 3일로 가자. 벌써 기대가 돼.

여행 계획을 세우고 이야기하십시오.

여행지	
여행기간	
교통편	
숙박시설	
일정	• • • •

가 :

나 :

가 :

나 :

가 :

나 :

가 :

나 :

기간 period **일정** schedule **해운대** Haeundae **범어사** Beomeo temple
태종대 Taejongdae **자갈치 시장** Jagalchi fish market

Dialogue

Rie	I am planning to travel with my friends this coming holiday. Where do you think will be good to visit?
Youngsoo	What about Gyeongju this time since you said you have been to Mt. Seorak and Jeju Island before?
Rie	Gyeongju was the capital of Shilla, wasn't it? I' ve wanted to visit there, too.
Youngsoo	It will be fun because there are a lot of historical things to see.
Rie	Are there any cheap and good accomodations, too?
Youngsoo	There is a hotel where I often used to go. Do you want me to make an online reservation for you?

문법 설명

01 의

It is a particle used with a noun to connect two nouns together. It shows that the following- noun is a possession, position, location, etc. of the preceding-noun.

- 아버지의 목소리가 들렸다. — I heard my father's voice.
- 그 회사의 제품은 품질이 아주 우수하다. — The quality of that company's products is excellent.
- 독도는 경상북도의 한 섬이다. — Dok-do is one of the islands in Gyeongsangbukdo.
- 이 돈의 주인이 누구냐? — Who is the owner of this money?
- 어머니의 마음을 알기까지는 아주 오랜 세월이 걸렸어요. — It took a long time for me to understand my mother's mind.

02 –던

It is used with a verb to express reflexly the fact in the past which continuous for a certain period of time or that are ongoing and not yet completed to the present.

- 언니가 입던 옷을 제가 입고 있어요. — I am wearing the clothes which my sister used to wear.
- 그것을 보고 있던 여자가 나에게 가까이 왔어요. — A woman looking at it came right up to me.
- 읽던 책을 덮고 화장실에 갔어요. — I closed the book I was reading and went to the restroom.
- 너무 재미있어서 울던 아이도 웃고 있어요. — It was so funny that the child who had been crying is now laughing.

03 저희 호텔만큼 전망 좋은 호텔은 없습니다

학습 목표 ● 과제 여행 예약하기 ● 문법 만에, 만큼 ● 어휘 예약 관련 어휘

리에 씨는 어디에 전화를 걸었습니까?
리에 씨는 왜 전화를 걸었습니까?

CD2:39~40

리에 이번 금요일에 방을 예약할 수 있습니까?

직원 특실이 있고 일반실이 있는데 어떤 방을 원하십니까?

리에 오랜만에 가는 여행이니까 좋은 방에서 묵고 싶습니다. 방의 전망은 좋은가요?

직원 경주에서 저희 호텔만큼 전망 좋은 호텔은 없습니다. 그런데, 며칠 동안 계실 겁니까?

리에 이틀 묵을 거예요.

직원 성함과 연락처를 말씀해 주십시오.

특실 special room/suites
일반실 ordinary room/guest room
원하다 to want
묵다 to stay
전망 view
성함 name
연락처 contact number

어휘

01 예약을 합니다.

경주 연세호텔 〈 예약 카드 〉		날짜________	
이름	요시다 리에	예약번호	1004
연락처	010-765-4321		
요금 결제	카드 (✓), 현금 ( )		
할인	○○ 카드 할인 (30)%		

02 알맞은 말을 넣으십시오.

직원 : 예약해 드리겠습니다. 손님의 ________ 을/를 말씀해 주십시오.

리에 : 요시다 리에라고 합니다.

직원 : ________ 을/를 말씀해 주십시오.

리에 : 휴대폰 번호를 가르쳐 드리면 되지요? 010-765-4321입니다.

직원 : 요금은 어떻게 하시겠습니까?

리에 : 00카드가 있습니다. 00 카드로 ________ 을/를 하면 좀 싸다고 하던데...

직원 : 정상 요금에서 30% ________ 해 드립니다. 카드 번호를 불러 주시겠습니까?

리에 : 1234-5678-9012-3456이에요.

직원 : 예약되었습니다. ________ 은/는 1004번입니다.
호텔에 오실 때 프런트에서 번호를 말씀해 주시면 됩니다.

리에 : 고맙습니다.

문법 연습

만에

01 대답하십시오.

[보기]

3일 전

가 : 얼마 만에 방청소를 했어요?

나 : 3일 만에 방청소를 했어요.

❶ 1년 전

가 : 얼마 만에 여행을 가요?

나 : ______________________

❷ 15일 전

가 : 얼마 만에 학교가 다시 시작되었어요?

나 : ______________________

❸ 11일 전

가 : 얼마 만에 아버지께 편지를 보냈어요?

나 : ______________________

❹ 20일 전

가 : 얼마 만에 도사관에 왔어요?

나 : ______________________

❺ 5년 전

가 : 얼마 만에 선생님을 만났어요?

나 : ______________________

만큼

02 대답하십시오.

[보기] 가 : 무슨 시간이 제일 재미있어요?
나 : 역사 시간만큼 재미있는 시간은 없어요.

1) 가 : 무슨 일이 제일 귀찮아요?
나 :

2) 가 : 축구 선수 중에서 어느 선수가 제일 잘해요?
나 :

3) 가 : 관광지 중에서 어디가 제일 아름다워요?
나 :

4) 가 : 무슨 과일이 제일 맛있어요?
나 :

5) 가 : 우리 반에서 누가 공부를 제일 열심히 해요?
나 :

과제 1 말하기

여러분은 여행사 직원입니다. 손님에게 상품을 소개하십시오.

❶ 

가을 여행은 연세산으로 가세요. 여기만큼 단풍이 아름다운 곳은 없어요. 해마다 이 곳에 다시 오시는 분도 있어요.

❷ 

❸ 

❹ 

❺ 

❻ 

상품 product/ item **항공** flight **렌터카** rental car

과제 2 말하기

예약을 하십시오.

[보기] **호텔**

호텔 도착일 / 호텔 출발일	2007년 12월 10일 / 2007년 12월 14일
종류	2인실, 가족실, 온돌방
전망	산 전망, 바다 전망
방의 수	1 개

직원 : 제주 한라호텔입니다. 무엇을 도와드릴까요?
손님 : 호텔을 예약하고 싶어요.
직원 : 언제 도착하실 건가요?
손님 : 12월 10일에 가서 12월 14일에 돌아올 예정이에요.
직원 : 네, 그럼 어떤 방으로 드릴까요? 2인실, 가족실, 온돌방이 있습니다.
손님 : 2인실로 하겠어요.
직원 : 산 쪽 방이 있고 바다 쪽 방이 있어요. 바다 쪽 방은 값이 조금 더 비쌉니다.
손님 : 그래요? 신혼여행이니까 바다를 볼 수 있는 방으로 해 주세요.
직원 : 방은 한 개만 필요하시죠?
손님 : 네, 한 개만 예약해 주세요.
직원 : 예약하신 분의 성함과 연락처를 말씀해 주세요.
손님 : 저는 김민철이구요, 전화번호는 010-123-4567입니다.
직원 : 확인해 드리겠습니다. 12월 10일부터 14일까지 바다 전망 2인실 하나 예약되었습니다. 호텔 체크인 시간은 오후 2시입니다. 예약하신 내용을 바꾸고 싶으시면 언제든지 전화해 주십시오.
손님 : 네, 감사합니다.

1. 호텔

종류	2인실, 가족실, 온돌방
전망	산 전망, 바다 전망
호텔 도착일 / 호텔 출발일	____ 년 ____ 월 ____ 일/ ____ 년 ____ 월 ____ 일
방의 수	____ 개

직원 : ______________________

손님 : ______________________

직원 : ______________________

손님 : ______________________

직원 : ______________________

손님 : ______________________

직원 : ______________________

손님 : ______________________

2. 항공권

출발 도시 / 도착 도시	______ / ______
출발 날짜 / 도착 날짜	___년 ___월 ___일/ ___년 ___월 ___일
여정 형태	왕복, 편도
종류	일반석, 비즈니스석
인원	어른 ___명, 아이 ___명

3. 렌터카

대여일 / 반납일	___년 ___월 ___일/ ___년 ___월 ___일
종류	소형차, 중형차, 대형차, 승합차(12인승)
기사 포함 여부	기사 포함 / 기사 포함하지 않음

예정 pre-arrangement/schedule **체크인** check-in **항공권** airplane ticket **여정** journey **왕복** round trip
편도 one way **일반석** economy seat **비즈니스석** business seat **대여** rent **소형차** small car
중형차 mid-sized car **대형차** luxury sized car **승합차** van **기사** driver **포함** inclusion **여부** yes or no

Dialogue

Rie Can I make a reservation for a room this Friday?

Staff We have special rooms and ordinary rooms, and which room would you like?

Rie This is my first trip in a long time so I want to stay in a nice room. Does that room have a great view?

Staff There are no hotels in Gyeongju with views as good as our hotels. By the way, how many days are you going to stay?

Rie I am going to stay for two days.

Staff Can I have your name and contact number, please?

문법 설명

01 만에

It is used with a time noun to show the interval of time that has elapsed before the following action occurred.

- 두 달 만에 영화를 봅니다. — I am watching the movie for the first time in two months.
- 옛날 애인을 5년 만에 다시 만났습니다. — I met my ex-girlfriend for the first time in five years.
- 6개월 만에 고향 음식을 먹어 봅니다. — I eat my home town food for the first time in six months.
- 오랜만에 부모님께 편지를 썼습니다. — I wrote a letter to my parents for the first time in a long time.

02 만큼

It is used with a noun to show the similarity or equality.

- 고래만큼 큰 동물은 없어요. — There isn't any animal as big as whales.
- 경주만큼 인상적인 곳은 없었어요. — There wasn't any place as impressive as Kyeongjoo.
- 나는 리에만큼 잘 먹는 여자를 본 일이 없다. — I've never seen a girl who eats as well as Rie.
- 20세기 후반에 한국만큼 빨리 발전한 나라는 없다. — There isn't any country that developed as rapidly as Korea in the last of the 20th century.

04 저는 겨울에 갔는데 한국보다 따뜻하더군요

학습 목표 ● 과제 여행지 추천하기 ● 문법 -어서 그런지, -더군요 ● 어휘 여행지 관련 어휘

웨이 씨는 어디에 가고 싶어합니까?
이탈리아에 가면 무엇을 볼 수 있습니까?

CD2:41~42

웨이 유럽으로 배낭 여행을 가려고 하는데 어디가 좋아요?

민철 유럽에서는 이탈리아를 빼놓을 수 없지요.

웨이 이탈리아는 볼거리가 많아서 그런지 다른 분들도 많이 추천하셨어요.

민철 로마 시대 유적지도 많고 바닷가도 정말 아름다워요.

웨이 날씨는 어때요?

민철 저는 겨울에 갔는데 한국보다 따뜻하더군요.

빼놓다 to exclude

추천하다 to recommend

로마 Rome

시대 era

어휘

01 여러 가지 여행지입니다.

호수

강

폭포

해변

온천

화산

02 유명한 관광지의 이름을 써 봅시다.

호수	강	폭포
	한강	

해변	온천	화산
		후지산

문법 연습

-어서/아서/여서 그런지

01 그림을 보고 대답하십시오.

[보기]

감기에 걸려서 그런지 머리가 많이 아파요.

❶

❷

❸

❹

❺

-더군요

02 대답하십시오.

[보기] 가 : 어제 백화점에 가서 가방을 사셨어요?
나 : 못 샀어요. 너무 비싸더군요.

1) 가 : 어제 결혼식에서 신부가 어땠어요?
나 : ____________________

2) 가 : 어제 선생님과 통화하셨어요 ?
나 : 아니요, ____________________

3) 가 : 제가 소개해 드린 여행사에 갔어요?
나 : 네, ____________________

4) 가 : 휴일에 놀이 공원에 가 보니까 어땠어요?
나 : ____________________

5) 가 : 그 이야기를 누구에게 들었어요?
나 : ____________________

과제 1 말하기

여러분은 어디를 여행했습니까?
지도에 여행한 곳을 표시하고 이야기해 봅시다.

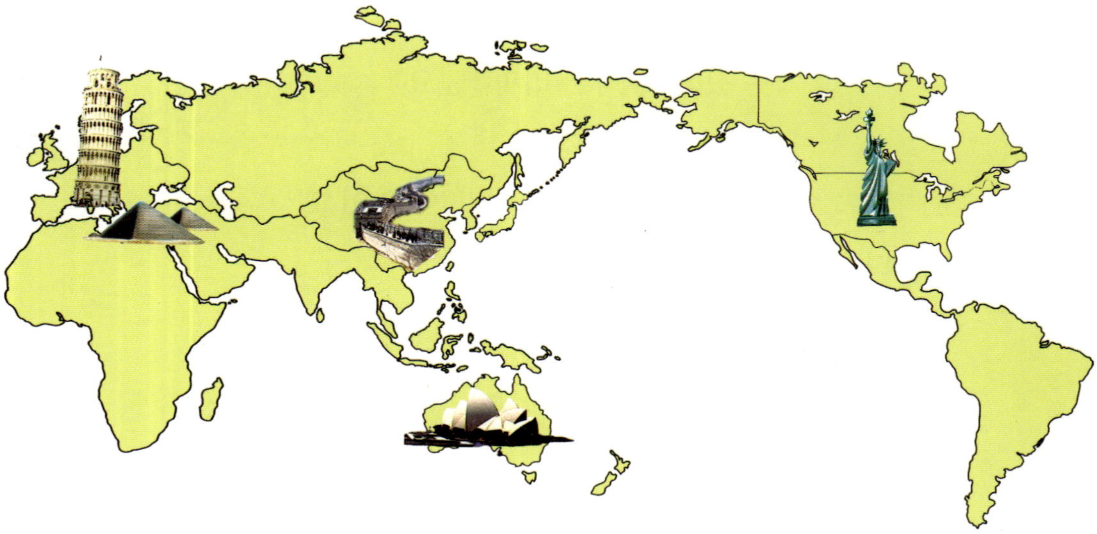

[보기] 저는 작년 여름 방학 때 호주에 갔어요.
오페라 하우스가 아주 멋있더군요.

오페라 하우스 Opera House

과제 2 듣고 말하기 [CD2:43]

다음 이야기를 듣고 대답해 봅시다.

1) • 이 사람은 어디를 추천합니까?

• 이 곳에는 어떤 사람이 가면 좋습니까?

2) • 이 사람은 어느 나라 여행을 추천합니까 ?

• 며칠 동안 여행을 하겠습니까 ?

3) • 이 사람은 어느 나라 여행을 추천합니까?

• 이곳에서 무엇을 할 수 있습니까?

4) • 이 사람은 어디를 추천합니까?

• 이곳에서 무엇을 할 수 있습니까?

5) • 이 사람은 어느 나라 여행을 추천합니까?

• 이곳에는 어떤 사람이 가면 좋습니까?

Dialogue

Wai	I am planning to go backpacking to Europe. Where do you think will be a good place?
Mincheol	Oh, you cannot leave out Italy in Europe.
Wai	Many other people recommended it, too, maybe because there are a lot of things to see in Italy.
Mincheol	It has many historic site from the Roman period and the sea is also really beautiful.
Wai	What is the weather like?
Mincheol	I went there in winter but I found that it was warmer than Korea.

문법 설명

01 –어서/아서/여서 그런지

It is used with a verb to convey an indefinite reason to explain the following situation.

- 배가 불러서 그런지 자꾸 졸린다. — I feel sleepy maybe because I am so full.
- 아이가 아파서 그런지 얼굴이 하얗다. — My baby looks pale maybe because she is sick.
- 그 아이가 도와 줘서 그런지 일이 빨리 끝났다. — The work finished early maybe because the child helped me.
- 열심히 공부해서 그런지 시험이 쉬웠다. — The exam was easy maybe because I studied hard.

02 -더군요

It is used with a verb to express the fact which a speaker learned from his/her own experience. But it can not be used to express the action made by the first person subject.

• 겨울에 러시아는 정말 춥더군요.	I found that it was very cold in Russia in winter.
• 그 사람이 노래를 정말 잘 부르더군요.	I found that that person sang really well indeed.
• 할아버지께서 제 방청소를 해 주셨더군요.	I found that grandfather had cleaned my room.
• 화장을 하고 학교에 가니까 아무도 저를 못 알아보더군요.	I found that no one recognized me when I went to school with my make up on.

05 정리해 볼까요?

01 발음해 봅시다. [CD2:44]

너무 바빠서 국내 여행밖에 못 했어요

역사적인 볼거리가 많아서 재미있을 거예요

로마 시대 유적지도 많고 바닷가도 정말 아름다워요

저는 겨울에 갔는데 한국보다 따뜻하더군요

02 다음 칸에 단어를 써 봅시다.

나라	가 보고 싶은 여행지	하고 싶은 여행 종류	여행할 때 꼭 필요한 것
이탈리아	로마 유적지	수학 여행	카메라
캐나다			
미국	나이아가라 폭포		
호주			
중국			
일본			
러시아			
인도			
브라질			

정리

03 알맞은 문장을 만드십시오.

1) 가 : ________ 만에 동창회를 했어요?
나 : ________ 만에 했어요.
가 : 동창회에 사람이 많이 왔어요?
나 : 저는 많이 올 거라고 생각했는데 ________ 밖에 ________
가 : 아는 친구들도 왔어요?
나 : 네, ________ 었던/았던/였던 ________

2) 가 : ________ 던 커피를 누가 마셨어요?
나 : 아까 ________ 더군요.

3) 가 : 여행하기 좋은 나라를 추천해 주세요.
나 : ________ 의 ________ 에 가 보세요. ________ 만큼
________ 은/는 곳도 없어요.
가 : 거기가 왜 인상적이에요?
나 : ________ 어서/아서/여서 ________

정리

04 여러분은 지금 여행을 하고 있습니다. 그리운 사람에게 엽서를 써 봅시다.

하와이

알프스 산

신주쿠

나이아가라 폭포

[보기]

보고 싶은 미선에게

나는 오늘 도쿄에 도착했어. 어제까지 여행한 교토는 역사적인 도시였는데 도쿄는 분위기가 아주 달라. 엽서의 사진은 도쿄에서 아주 유명한 신주쿠라는 곳이야. 사람들이 많아서 그런지 복잡하고 바쁜 느낌이 들어. 그렇지만 구경거리와 쇼핑할 것들이 많아서 아주 재미있어. 일본 음식은 맵지 않고 짜지 않아서 내 입에 맞아. 너도 같이 왔으면 참 좋았을 것 같아. 너도 일본 음식을 좋아하지? 다음에는 꼭 같이 오자.

내일은 온천에 가 보려고 해. 또 엽서 보낼게.

잘 지내. 안녕.

2008년 3월 24일

마리아 씀

FROM.

MARIA

TOKYO, JAPAN

TO.

서울 서대문구 신촌동 134번지

연세 빌라 302호 김미선 앞

SEOUL, KOREA

FROM.

TO.

엽서 post card **하와이** Hawaii **알프스** Alps **신주쿠** Shinjuku **나이아가라** Niagara
도쿄 Tokyo **느낌** feeling **구경거리** things to sightsee

리에가 본 한국

한국의 관광지 [CD2:45]

저는 여행을 좋아하지만 한국에서 여행을 많이 하지 못했어요. 그래서 이번 휴가 때는 친구들과 같이 여행을 하려고 인터넷을 찾아 봤어요. 그런데 한국에는 아름다운 관광지들이 생각했던 것 보다 아주 많았어요.

세계 문화 유산 the world cultural heritage **축제** festival **과학** science **해산물** seafood **북한** North Korea **설경** winter snow-scenery **유물** relics **불국사** Bulguksa temple **석굴암** Seokguram cave **첨성대** Cheomsungdae observatory **귤** tangerine **돌하르방** Stone Harubang statue **한라산** Hanla mountain

- 여러분이 한국에서 가 본 곳이나 가 보고 싶은 곳을 이야기하십시오.
- 여러분 나라에서 유명한 관광지는 어디입니까?

제10과 집안일

01 보증금은 적으면 적을수록 좋습니다

학습 목표 ● 과제 집 구하기 ● 문법 접속사, -으면 -을수록 ● 어휘 집 구하기 관련 어휘

마리아 씨가 무엇을 하고 있습니까?
두 사람이 무슨 이야기를 할까요?

CD2:46~47

마리아 광고를 보고 찾아왔는데 좋은 방이 있습니까?

직원 전세로 하실 거예요? 월세로 하실 거예요?

마리아 월세로 하고 싶어요.
그리고 보증금은 적으면 적을수록 좋습니다.

직원 교통편도 좋고 전망도 좋은 원룸이 있습니다.
보증금 1,000만 원에 월 60만 원 정도 주셔야 합니다.

마리아 제 생각보다 좀 비싼데 다른 방은 없습니까?

직원 세가 싸면 교통이 불편하거나 시설이 좋지 않아요.

전세 lease of a house[room] on a deposit base

월세 monthly rent

보증금 deposit

원룸 one-room apartment

시설 facility

어휘

01 이사하기 전에 해야 하는 일입니다.

부동산 소개소에 가다

→

집 구경을 하다

→

계약을 하다

→

소개비를 주다

→

이사를 하다

02 빈칸을 채우십시오.

이사를 하려면 먼저 ( )어야/아야/여야 합니다.
집을 팔고 싶은 사람, 집을 사고 싶은 사람, 집을 빌리고 싶은 사람들이 이곳에 찾아갑니다.
혼자 집을 사고 파는 일은 쉽지 않습니다.
집이 마음에 들면 집주인과 ( ).
계약금은 집값의 10퍼센트입니다.
요즘은 인터넷을 이용하는 사람들도 많습니다.
그러면 부동산 소개소에 ( )지 않아도 됩니다.

문법 연습

접속사

01 다음을 이용해서 문장을 만드십시오.

그래도 그래서 그러나 그러니까 그런데 그렇지만 그리고

[보기]

저는 열심히 숙제를 했습니다.
그런데 숙제를 집에 놓고 학교에 갔습니다.

❶

❷

❸

❹

❺

02 -으면/면 -을수록/ㄹ수록

다음 단어를 사용해서 문장을 만드십시오.

먹다　　하다　　보다　　시간이 많다　　배우다　　자다

[보기] 된장찌개는 ________________ 맛있어요.
→ 된장찌개는 먹으면 먹을수록 맛있어요.

1) 그 여자는 ________________ 예뻐요.

2) 한국말은 ________________ 재미있어요.

3) 운동을 ________________ 몸이 가벼워져요.

4) 잠을 ________________ 더 자고 싶어져요.

5) 사람은 ________________ 게을러지는 것 같아요.

과제 1 말하기

집을 구하려고 합니다. 조언을 해 주십시오.

[보기] 가 : 창문이 많은 집이 좋을까요?
나 : 창문이 많으면 많을수록 집안이 밝아요. 그렇지만 난방비가 많이 들어요.

1) 화장실

가 :

나 :

2) 방

가 :

나 :

3) 층

가 :

나 :

4) 집의 위치

가 :

나 :

5) 자연 환경

가 :

나 :

조언을 하다 to advise **난방비** heating bills **자연 환경** natural environment

과제 2 쓰고 말하기

광고를 보고 살고 싶은 곳을 선택하십시오. 왜 그 곳에 살고 싶습니까?

❶ 원룸 40m2
보증금 : 1,000만 원
월세 : 45만 원
층수 : 3층
침대, 책상, 냉장고, 에어컨, 화장실 있음.

❷ 하숙집 (2인 1실)
하숙비 : 월 35만 원
아침, 저녁 식사 포함.
책상, 침대 있음.

❸ 아파트 66m2
(방 2, 화장실 1, 부엌 1, 7층)
전세 : 8,000만 원
가구 없음.

❹ 하숙집 (독방)
하숙비 : 월 65만 원
침대, 책상, 화장실, 텔레비전, 소파, 에어컨 있음.
아침 식사 포함.

❺ 기숙사 (2인 1실)
기숙사비 : 3달에 100만 원
침대, 책상, 옷장 있음.
공동 화장실, 공동 샤워실
음식은 만들 수 없음.

[보기] 저는 4번 하숙집에서 살겠습니다.
왜냐하면 저는 아침을 꼭 먹어야 하니까 아침을 먹을 수 있는 하숙집이 좋습니다.
그리고 다른 사람과 같이 화장실을 사용하면 불편하니까 혼자서 사용하는 화장실이 있는 방이 좋습니다.
저는 드라마를 좋아하니까 소파에서 편하게 텔레비전을 보면 좋을 것 같습니다.
또 여름에 한국은 아주 덥다고 들었으니까 에어컨도 있어야 한다고 생각합니다.
저는 친구들이 많아서 저녁에 약속이 많습니다.
그러니까 저녁은 주지 않는 것이 더 편합니다.
그래서 4번 하숙집에서 살고 싶습니다.

공동 화장실 public toilet **독방** single room **소파** sofa

Dialogue

Maria	I came after seeing an Ad. Do you have a nice room?
Staff	Are you looking for a leased room or a monthly rental?
Maria	I want a monthly rental. And the smaller deposit is the better.
Staff	There is a one-room apartment with convenient transportation and a good view. The deposit is 10 million won and you have to pay about 600,000 won per month.
Maria	It is more expensive than I thought. Don't you have any other rooms?
Staff	If the rent is cheaper, either the transportation will be inconvenient or the facilities will be poor.

문법 설명

01 Conjunction

A conjunction is a word that links one sentence with another, such as '그래도, 그래서, 그러나, 그러니까, 그런데, 그렇지만, 그리고 (though, so that, but, therefore, however)' and so on.

• 자식은 부모님의 마음을 모릅니다. 그래도 부모님은 자식을 사랑합니다.	Children don't know their parents' mind. But parents love them still.
• 회사에 급한 일이 생겼어요. 그래서 약속을 연기했어요.	An urgent matter came up in the company. So I had to put off the appointment.

- 대학원에 진학하고 싶습니다. 그러나 합격할 자신이 없어요. — I want to enter the graduate school. But I don't have any confidence to pass.
- 제가 도와 드리겠습니다. 그러니까 걱정하지 마세요. — I'll help you out. Therefore don't worry.
- 1시간이나 기다렸어요. 그런데 친구는 오지 않았어요. — I've been waiting for an hour. But my friend hasn't shown up.
- 내일까지 일을 끝내면 좋겠습니다. 그렇지만 너무 무리하지 마세요. — I would like you to complete the work by tomorrow. But, please, do not overwork.
- 저는 고기를 먹지 않습니다. 그리고 일주일에 3일 정도 운동을 합니다. — I don't eat meat. And I work out about three days a week.

02 -으면/면 -을수록/ㄹ수록

It is used with a verb to show when a content in the first clause is processing, the second clause is also processing or falling in degree.

- 뭐든지 많으면 많을수록 좋지 않아요? — Don't you think that the more we have, the better?
- 웃으면 웃을수록 젊어진다고 합니다. — It is said that the more we laugh, the younger we get.
- 서두르면 서두를수록 실수가 많아요. — The more we hurry, the more we make mistakes.
- 외국어는 배우면 배울수록 어려워지는 것 같아요. — I think the language gets harder as we study more and more.

02 포장이사를 하면 아무 일도 안 하는 줄 알았어

학습 목표 ● 과제 이사 계획하기 ● 문법 -는 줄 알다, 처럼 ● 어휘 이사 관련 어휘

두 사람이 무엇을 하고 있습니까?
두 사람이 무슨 이야기를 할까요?

CD2:48~50

마리아　우리가 짐을 싸야 돼?

미선　이삿짐센터에서 해 주지만 중요한 물건은 우리가 싸는 게 나아.

마리아　포장이사를 하면 우리는 아무 일도 안 하는 줄 알았어.

미선　이제 거의 다 끝났으니까 조금만 참아.

마리아　힘들어서 병이 날 것 같아.

미선　아이처럼 엄살 부리지 말고 빨리 해.

낫다
to be better

포장이사
package moving

참다
to bear

엄살(을) 부리다
to make a big fuss

어휘

01 이사를 하려면 어떤 준비가 필요합니까?

짐을 싸다

짐을 옮기다

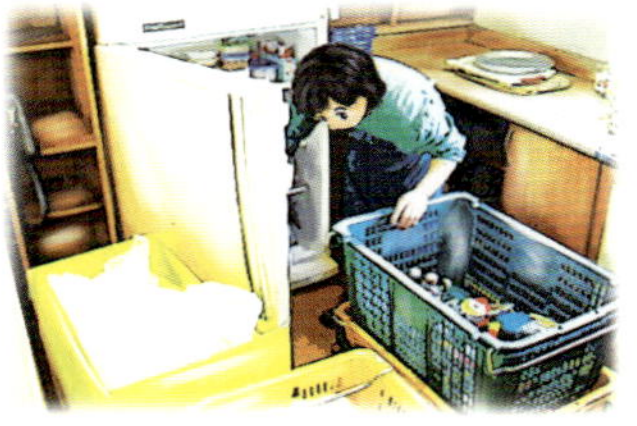

짐을 정리하다

이삿짐센터

이사 비용

사다리차

02 빈칸을 채우십시오.

보통 이사철은 봄과 가을입니다.
날씨가 좋아서 이사하는 사람들이 많기 때문입니다.
이삿짐이 많으면 먼저 (   )을/를 찾아서 예약해야 합니다.
짐이 많거나 거리가 멀면 (   )이/가 비싸집니다.
높은 건물로 이사할 때는 (   )을/를 부르면 편합니다.
이삿짐센터 사람들이 (   )어/아/여 줍니다.
포장 이사를 하면 비싸지만 (   )고 (   )는 것도 해 줍니다.

문법 연습

-는/은/ㄴ 줄 알다

01 대답하십시오.

[보기] 가 : 에릭 씨하고 같이 일하기가 힘들어요.
나 : 두 사람이 친해서 서로 잘 맞는 줄 알았어요.

1) 가 : 직접 해 보니까 쉽지요?
나 : 네, 설명서만 봤을 때는 ______________________________

2) 가 : 마리아 씨가 회사일 때문에 힘든가 봐요.
나 : 특별한 이야기가 없어서 ______________________________

3) 가 : 어제 양 선생님 남편을 만났어요.
나 : 남편요? 반지를 안 껴서 ______________________________

4) 가 : 미선 씨가 정희 씨 동생이에요.
나 : 그래요? ______________________________

5) 가 : 어제 회의 시간에 왜 안 왔어요?
나 : 어제요? ______________________________

처럼

02 다음 단어를 사용해서 대답하십시오.

아나운서 농구 선수 모델 코미디언 가수 영화배우

[보기]

김미선 씨는 영화배우처럼 예쁘게 생겼어요.

❶

왕웨이 씨는 ______________ 재미있어요.

❷

제임스 씨는 ______________ 키가 커요.

❸

오정희 씨는 ______________ 노래를 잘 해요.

❹

마리아 씨는 ______________ 발음이 좋아요.

❺

정민철 씨는 ______________ 옷을 잘 입어요.

과제 1 듣고 쓰기

이 사람은 무엇을 잘못 알았습니까? 듣고 쓰십시오.

[보기] 저는 새 아파트가 조용한 줄 알았어요. 그래서 이사를 했는데 위층이 시끄러워서 걱정이에요.

1) ______________________

2) ______________________

3) ______________________

4) ______________________

5) ______________________

과제 2 쓰고 말하기

이사할 때 무엇을 해야 합니까? 일의 순서를 쓰고 설명해 보십시오.

[보기]

- 새 집 정하기
- 전기·가스·수도 요금 내기
- 새 집 가구 배치 결정
- 이삿짐센터 정하기
- 전화 옮기기
- 이웃집에 인사
- 아이들 전학갈 학교 결정
-
- 새 집 청소
- 냉장고 정리
-
-

→

→

→

→

→

→

→

→

→

이웃집 neighbor **배치** arrangement **전학가다** to change school

Dialogue

Maria	Do we have to pack?
Miseon	A moving company does it for us but we'd better pack our valuable items ourselves.
Maria	I thought we wouldn't have to do anything when we call a moving company.
Miseon	It is almost done, so put up with it just a little more.
Maria	It's so hard that I'll get sick.
Miseon	Don't cry like a baby. Just hurry up.

문법 설명

01 -는/은/ㄴ 줄 알다

It is used with a verb to show a speaker's prediction before making sure of the fact occurs. It is used when the prediction is different from the actual result of the incident and a final ending connects to a past tense. In case of the incident already occurs, it is used as '-은/ㄴ 줄 알다'. When the incident is occurring at the present time, it is used as '-는 줄 알다'. In case of the incident is going to be occurring, '-을/ㄹ 줄 알다' is used.

- 못 오실 줄 알았는데 어떻게 오셨어요? — I thought you cannot come, but how could you make it?
- 제임스 씨가 미선 씨를 좋아하는 줄 알았어요. — I mistakenly thought James likes Miseon.
- 연락이 없어서 고향에 돌아가신 줄 알았어요. — I mistakenly thought you had returned home because I hadn't heard from you.
- 지도를 보고 가까운 줄 알았는데 너무 멀군요. — I thought it is close by looking at the map, but it is actually far.

02 처럼

It is used with a noun to show something is similar.

- 경치가 그림처럼 아름다워요. — A scenary is beautiful as a picture.
- 저는 아버지처럼 살고 싶어요. — I want to live like my father.
- 친구는 영화배우처럼 잘 생겼어요. — My friend is handsome like a movie star.
- 두 사람이 애인처럼 다정해 보였어요. — Two people look affectionate like a couple.

03 음악을 들으면서 청소할까?

학습 목표 ● 과제 집안일 설명하기 ● 문법 덕분에, -으면서 ● 어휘 집안일 관련 어휘

마리아 씨가 무엇을 합니까?
두 사람이 무슨 이야기를 할까요?

CD2:51~52

마리아 오늘은 걸레로 닦기만 하면 안 될까?

미선 먼지가 많으니까 날마다 청소기를 돌리는 게 좋아.

마리아 알았어. 깔끔한 룸메이트 덕분에 집이 깨끗해지겠다.

미선 집이 깨끗하면 기분도 좋고 공부도 더 잘 될 거야.
우리 음악을 들으면서 청소할까?

마리아 그래. 그런데 신문지하고 빈 병은 어떻게 할까?

미선 재활용 쓰레기는 화요일에 버려야 하니까 저 상자에 넣어.

걸레 floorcloth
깔끔하다 to be neat
룸메이트 room mate
재활용 recycling
상자 box

어휘

01 여러 가지 집안일이 있습니다.

설거지를 하다

빨래를 하다

음식을 만들다

청소기를 돌리다

화분에 물을 주다

강아지를 돌보다

먼지를 털다

걸레질을 하다

마당을 쓸다

02 날마다 하는 집안일과 가끔 하는 집안일을 써 봅시다.

날마다 하는 집안일 : ______________________

이틀에 한 번 하는 집안일 : ______________________

사흘에 한 번 하는 집안일 : ______________________

일주일에 한 번 하는 집안일 : ______________________

__________ 에 한 번 하는 집안일 : ______________________

문법 연습

덕분에

01 문장을 만드십시오.

[보기] 저는 물을 무서워했어요. 그런데 초등학교 선생님이 수영을 재미있게 가르쳐 주셨어요. 그래서 이제 수영을 잘 합니다.
➔ 초등학교 선생님 덕분에 수영을 잘 하게 되었습니다.

1) 한국에 오기 전에 한국말을 못했어요. 그런데 한국에 온 후에 좋은 한국 친구를 만났습니다. 그리고 그 친구가 저에게 한국말을 가르쳐 주었습니다. 그래서 이제 한국말을 잘 합니다.

➔

2) 저는 자전거를 잘 못 탔습니다. 그런데 할아버지께서 자전거 타는 방법을 가르쳐 주셨습니다. 그리고 할아버지와 같이 연습을 많이 했습니다. 그래서 이제 자전거를 잘 탑니다.

➔

3) 저는 잡지사에서 일하고 싶었습니다. 그렇지만 취직하기가 어려웠습니다. 친구 아버지께서 제 얘기를 듣고 잡지사를 소개해 주셨습니다. 그래서 지금은 여행 잡지를 만드는 일을 하고 있습니다.

➔

4) 유학 생활을 하면서 건강이 나빠졌습니다. 그런데 친구가 같이 요가를 배우자고 했습니다. 그래서 3개월 전부터 이틀에 한 번씩 요가를 합니다. 이제는 건강해졌습니다.

➔

5) 한국에서 운전하는 것은 참 어렵다고 들었습니다. 그렇지만 이 곳 저 곳 여행을 갈 때는 운전을 하고 싶었습니다. 그래서 삼촌께 운전을 가르쳐 달라고 부탁했습니다. 그리고 운전면허 시험도 봤습니다. 이제는 운전을 잘 할 수 있습니다.

➔

–으면서/면서

02 그림을 보고 문장을 만드십시오.

[보기]

신문을 보면서 식사를 합니다.

❶

❷

❸

❹

❺

과제 1 말하기

집안일과 같이 할 수 있는 것을 이야기해 봅시다.

집안일	집안일과 같이 할 수 있는 일
요리하기, 빨래하기, 먼지 털기, 냉장고 정리하기, 나무에 물 주기, 아이에게 밥 주기, 설거지하기, 상차리기, 옷장 정리하기, 강아지 운동 시키기, 창문 닦기, 세차하기	책을 읽기, 전화를 받기, 샤워하기, 이를 닦기, 식사하기, 텔레비전 보기, 음악을 듣기, 운동하기, ______, ______, ______

[보기] 음악을 들으면서 설거지를 해요.
설거지를 할 때 신나는 음악을 들으면 기분이 좋아져요.

과제 2 쓰고 말하기

- 대청소를 하려고 합니다. 어떤 일을 해야 합니까?
- 가족 중에서 누가 이 일을 하면 좋을까요? 왜 그렇게 생각하는지 이야기해 봅시다.

대청소를 할 때 해야 할 일	할 사람
물건을 정리한다	오빠
먼지를 턴다	
청소기를 돌린다	
걸레질을 한다	
창문을 닦는다	
마당을 쓴다	

[보기] 오빠가 창문을 닦았으면 좋겠어요. 왜냐하면 창문은 높은 곳에 있으니까 키가 큰 오빠가 하면 좋을 것 같아요.

1.

2.

3.

4.

5.

세차하다 to wash a car

Dialogue

Maria Can we just wipe with a floorcloth today?

Miseon There are a lot of dusts so it is better to do vacuum cleaning everyday.

Maria Okay, the house will be clean because of my neat room mate.

Miseon If the house is clean, we will feel good and can focus more on study too.
Should we clean our house while listening to the music?

Maria Okay. By the way, what do I do with these newspapers and empty bottles?

Miseon Put them in that box because we have to dump the recycle items on Tuesday.

문법 설명

01 덕분에

It is used with a noun to indicate a reason. It can only be used when the content in the second clause has a positive result.

- 부모님 덕분에 편하게 공부 했습니다. — I could study comfortably for the help of my parents.
- 친구들 덕분에 한국 생활이 외롭지 않아요. — Korean life wasn't lonely for the help of my friends.
- 친절한 의사 선생님 덕분에 병이 빨리 나았어요. — I got well quickly for the help of a kind doctor.

- 좋은 선배들 덕분에 학교 생활이 재미있었습니다. — I had a wonderful school life for the help of my good seniors.

02 -으면서/면서

It is used with an action verb to indicate an incident in the first and the second clauses occur at the same time. In addition, the subject in the two clauses are the same.

- 아이가 울면서 말했어요. — A child says while crying.
- 형이 샤워하면서 콧노래를 불렀어요. — My older brother sang a song while taking a shower.
- 저는 대학교에 다니면서 아르바이트를 했어요. — I did a part time work while attending the university.
- 우리 가족은 텔레비전을 보면서 저녁을 먹어요. — My family have dinner while watching TV.

04 화요일까지 해 드릴 테니까 그때 오세요

학습 목표 ● 과제 세탁소 이용하기 ● 문법 -어지다[2], -을 테니까 ● 어휘 세탁소 관련 어휘

미선 씨가 무엇을 하고 있습니까?
두 사람이 무슨 이야기를 할까요?

CD2:53~54

미선 이것 좀 세탁해 주세요.

주인 정장 한 벌하고 스카프 한 장이군요.

미선 치마 앞쪽에 얼룩이 심한데 뺄 수 있을까요?

주인 이런 얼룩은 잘 빠지니까 걱정하지 마세요.

미선 언제 찾으러 오면 돼요?

주인 화요일까지 해 드릴 테니까 그때 오세요.

스카프 scarf
얼룩 stain
빼다 to remove
빠지다 to be removed

어휘

01 여러 가지 세탁 방법입니다.

드라이클리닝을 하십시오

옷걸이에 걸어서 말리십시오

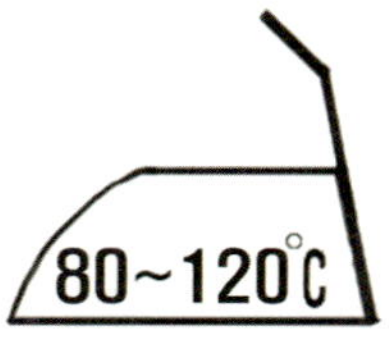

80~120도로 다림질하십시오

표백하지 마십시오

물세탁을 하지 마십시오

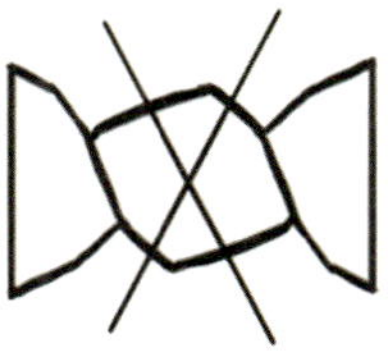

짜지 마십시오

02 어떻게 세탁해야 합니까?

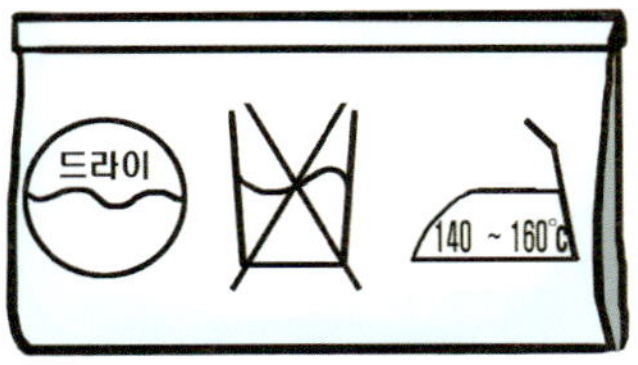

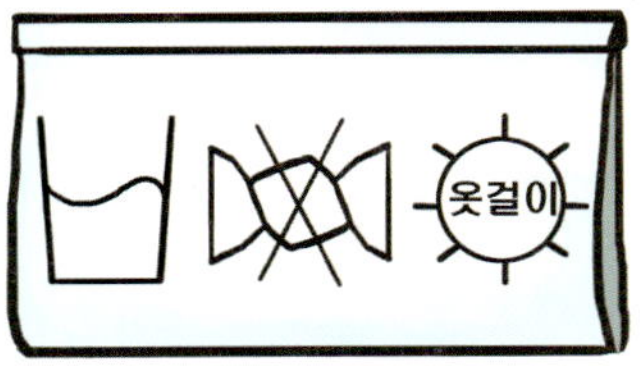

문법 연습

-어/아/여지다[2]

01 그림을 보고 문장을 만드십시오.

[보기]

컵이 깨졌습니다.

❶

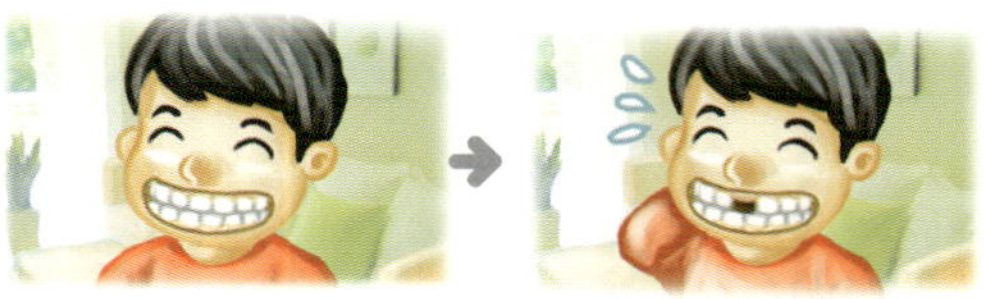

____

❷

____

❸

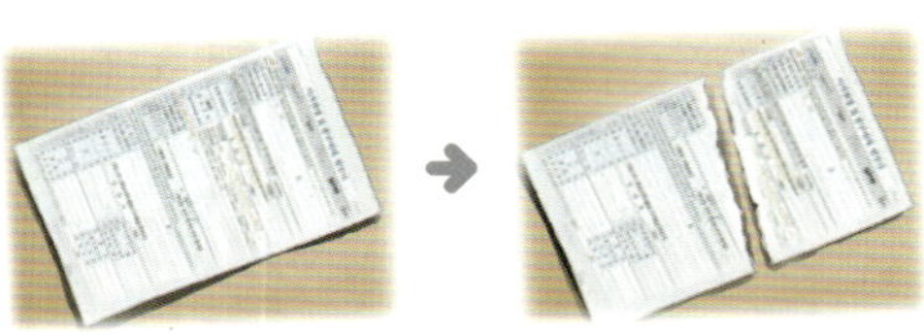

____

❹

____

❺

____

-을 테니까/ㄹ 테니까

02 읽고 문장을 만드십시오.

[보기]
내일 친구들과 소풍을 갈 거예요. 제가 점심 도시락을 준비하겠습니다. 다른 사람에게 음료수를 가지고 오라고 말합니다.

점심은 제가 준비할 테니까 음료수를 가지고 오세요.

❶ 집안일이 많습니다. 제가 청소를 하겠습니다.
동생에게 쓰레기를 버리라고 말합니다.

❷ 급하게 돈이 필요합니다. 다음 주에 돈을 갚겠습니다.
친구에게 10만원을 빌려 달라고 말합니다.

❸ 여자 친구와 같이 영화를 보고 싶습니다.
제가 영화표를 사겠습니다. 여자 친구에게 같이 가자고 말합니다.

❹ 일기예보를 봤는데 오후에 비가 올거라고 합니다.
아버지께 우산을 가지고 가시라고 말합니다.

❺ 주말이어서 길이 많이 막힐 거예요.
다른 사람들에게 1시간쯤 일찍 출발하자고 말합니다.

과제 1 쓰고 말하기

세탁소에 맡길 것과 집에서 빨래할 것으로 나누고, 그 이유를 쓰십시오.

티셔츠	털	점퍼	양말	운동복	블라우스	정장
넥타이	청바지	속옷	스타킹	면바지	운동화	수건
모자	수영복	재킷	스웨터	니트 조끼	실크 원피스	아기 옷

1) 집에서 손빨래를 해야 합니다.

스타킹은 세탁기에 넣어서 빨면 구멍이 날 테니까 직접 손으로 빨래를 해야 해요.

2) 집에서 세탁기로 빨래를 합니다.

3) 세탁소에 맡겨야 합니다.

털 fur 점퍼 jumper 양말 socks 운동복 sportswear 블라우스 blouse 속옷 underwear 스타킹 stockings 면바지 cotton trousers 수건 towel 수영복 swimming suit 재킷 jacket 스웨터 sweater 니트 knits 조끼 vest 실크 silk 아기 baby 손빨래 hand-washing 구멍이 나다 to have a hole 맡기다 to put something in charge of someone

과제 2 말하기

깨끗하게 빨래하는 특별한 방법이 있으면 소개해 주십시오.

얼룩의 종류	세탁하는 방법
김칫국물	양파 물을 이용
잉크	
피	
과일물	
껌	
크레파스	

김칫국물이 묻은 자리의 안과 밖에 양파 물을 바릅니다. 하루가 지난 후에 물로 빨면 잘 지워집니다.

잉크 ink **껌** chewing gum **크레파스** crayon **바르다** to spread **지워지다** to be erased

Dialogue

Miseon	Please, do this laundry.
Owner	One suit and two scarfs.
Miseon	There is a serious stain in the front part of the skirt. Do you think you can remove it?
Owner	Don't worry because this kind of stain can be removed easily.
Miseon	When can I come back to pick them up?
Owner	I'll get them done by Tuesday so come then.

문법 설명

01 -어지다/아지다/여지다[2]

It is used with an action verb to show a passivity.

- 백 년 전에 세워진 건물입니다. — This building was built a hundred years ago.
- 케이크가 아주 예쁘게 만들어졌어요. — The cake was made nicely.
- 지하로 내려가니까 전화가 끊어졌어요. — The phone was disconnected as I went down in the basement.
- 이곳은 세계에 잘 알려진 관광지입니다. — This place is a well-known tourist spot around the world.

02 –을/ㄹ 테니까

It is used with an action verb. This is a pattern that '–을/ㄹ 터', which indicates the determinations or the prediction, and '–니까', which indicates a reason, are combined together. The second clause often ends in a imperative or propositive forms.

- 제가 기다릴 테니까 천천히 오십시오. — I will wait for you so take your time to come.
- 다시 한 번 설명할 테니까 잘 들으세요. — I will explain once more so please listen carefully.
- 내일은 모두 모일 테니까 그때 얘기합시다. — Everyone will gather together tomorrow so let's talk about it then.
- 손님이 많이 오실 테니까 음식을 더 준비합시다. — Let's prepare more food because there will be many guests.

05 정리해 볼까요?

01 발음을 연습합시다. [CD2:55]

광고를 보고 찾아왔는데 좋은 방이 있습니까?

힘들어서 병이 날 것 같아

깔끔한 룸메이트 덕분에 집이 깨끗해지겠다

이런 얼룩은 잘 빠지니까 걱정하지 마세요

02 이사를 하기 전에 무슨 일을 합니까? 그리고 이사를 한 후에 무슨 일을 합니까?

이사하기 전에 할 일	이사한 후에 할 일

03 다음 이야기를 읽고 (　　)에 알맞은 접속사를 넣으십시오..
같은 접속사를 여러 번 사용할 수 있습니다.

그래서　그러나　그러니까　그런데　그렇지만　그리고

저는 주부 김수현입니다. 저희 가족은 7년 전에 지금 살고 있는 집으로 이사를 했습니다. 오래 되어서 벽이 더러워졌습니다. (　　　　) 거실의 벽을 바꾸고 싶습니다. (　　　　) 벽지를 다 바꾸려면 시간과 돈이 많이 필요합니다. (　　　　) 벽지를 바꾸는 이틀 동안 가족들이 다른 곳에서 살아야 합니다. (　　　　) 다른 방법을 생각했습니다. 벽 위에 페인트를 칠하면 새로운 분위기도 나고 또 쉽게 마르니까 좋을 것 같습니다. (　　　　) 요즘에 나오는 페인트는 냄새도 많이 나지 않고 쉽게 칠할 수 있습니다. (　　　　) 천장을 칠하는 일은 쉽지 않을 것 같아요. 저희 가족들에게는 재미있는 일이 될 거예요. 여러분도 집 분위기를 바꿔 보세요.

정리

04 다음은 포장이사를 하는 회사에서 상담을 하기 위한 서류입니다. 여러분의 정보를 써 보십시오.

고객명			
휴대 전화 번호	– –		
연락 가능한 시간	년 월 일 (오전, 오후) 시		
이메일 주소	@		
출발지 면적	m^2	식구 수	명
이사일	년 월 일		
출발지 주소			
도착지 주소			
물량	짐이 적은 편 ( )	보 통 ( )	짐이 많은 편 ( )
이사할 곳까지의 거리	km	이사할 곳의 층수	층
특별한 물건	에어컨 ( ) 세탁기 ( ) 피아노 ( ) 정수기 ( )		

접속사 conjunction **벽지** wall paper **칠하다** to paint **천장** ceiling **상담하다** to counsel **정보** information

리에가 본 한국

쓰레기 분리 [CD2:56]

쓰레기를 버리는 방법은 나라마다 달라요. 그런데 한국은 다른 나라보다 조금 더 복잡한 것 같아요.

우선, 재활용할 수 없는 것과 재활용할 수 있는 것을 나누어서 버려요. 재활용할 수 없는 것은 슈퍼마켓에서 산 쓰레기봉투에 넣어서 버려야 해요. 재활용 할 수 있는 것은 또 다시 비슷한 종류끼리 나누어요. 나누는 방법은 동네마다 조금 달라요. 우리 동네에서는 빈 캔, 플라스틱, 유리병, 종이, 옷, 음식물 쓰레기 등 여러 가지로 나누어요.

처음에 쓰레기를 이렇게 나누어서 버리는 일이 좀 귀찮았어요. 그런데 환경을 생각해 보면 아주 좋은 일인 것 같아요. 이렇게 종류를 나누어서 버리면 재활용하기도 쉬울 거예요. 그러면 쓰레기가 많이 줄 것 같아요.

분리 separation **종류** kinds **플라스틱** plastic **줄다** to decrease

• 여러분이 직접 쓰레기를 버려 봅시다. 아래의 쓰레기들은 무슨 색 쓰레기통에 버려야 하는지 이야기해 봅시다.

[쓰레기]

맥주 캔, 잼 병, 생수 병, 신문, 잡지, 콜라 캔, 요구르트 병, 종이 과자 통, 우유팩, 다 쓴 공책, 티셔츠, 사이다 병, 사과 껍질, 바나나 껍질, 유리 컵, 바지, 공책, 소주 병, 남긴 음식

노란색 통		파란색 통	
빨간색 통		보라색 통	
초록색 통		검은색 통	

• 여러분 나라에서는 쓰레기를 어떻게 버리는지 이야기해 봅시다.

듣기 지문

듣기 지문

6과 1항 과제 1

[보기]

가 몇 시부터 도서관을 이용할 수 있어요?
나 아침 6시에 문을 엽니다.
가 그럼 밤에는 몇 시까지 공부할 수 있어요?
나 11시에 문을 닫는데 1층 열람실은 24시간 이용할 수 있습니다.

1.

가 이 책은 얼마동안 빌릴 수 있어요?
나 오늘부터 이 주일 동안 빌릴 수 있어요.
가 좀 더 오래 빌릴 수 없나요?
나 인터넷으로 연장 신청을 하면 이 주일 더 볼 수 있어요.

2.

가 책에 있는 사진을 복사하고 싶은데요.
나 그럼 저기에 있는 복사기로 직접 복사하세요.
가 돈은 어디에 내야 해요?
나 여기에서 복사 카드를 사서 쓰시면 돼요.

3.

가 신문은 어디에 있어요?
나 오늘 신문은 6층에 있어요.
가 옛날 신문을 보려면 어디로 가야 해요?
나 4층에 가면 볼 수 있어요.

4.

가 이 도서관은 쉬는 날이 언제예요?
나 매월 두 번째, 네 번째 월요일은 쉽니다.
가 그럼 공휴일에는 쉬지 않습니까?
나 네, 일요일과 공휴일은 쉬지 않습니다.

5.

가 국립도서관에 가고 싶은데 어떻게 가야 해요?
나 여기에서 7611번 버스나 지하철을 타고 가세요.
가 지하철로 가면 어느 역에서 내려요?
나 지하철 5호선 여의도 역에서 내려서 15분쯤 걸어가야 해요.
버스가 더 편하실 거예요.

7과 2항 과제 2

1.

가 영수야, 지금 어디니?

나 버스에서 내려서 걸어 가고 있어. 5분만 더 기다려 줘.

가 알았어. 빨리 와.

나 다른 친구들은 모두 왔어?

가 그래. 네가 도착하면 바로 출발할 거야.

2.

가 여보세요?

나 (작은 목소리로) 지금은 수업 중이니까 내가 나중에 전화할게.

가 알았어. 미안해.

3.

가 민철아, 지금 뭐 해?

나 텔레비전을 보면서 커피를 마시고 있어. 제임스 너는?

가 난 일이 아직 안 끝나서 집에 못 가고 있어.

나 금요일인데 빨리 끝내고 가라.

가 알았어. 그럼 잘 쉬어.

4.

가 민철아, 너 어제 왜...

나 실례지만 몇 번에 전화하셨어요?

가 010-1214-7628번 아니에요?

나 아닙니다. 잘못 거셨어요.

5.

가 미선아, 잘 지내니?

나 네, 아버지, 요즘 건강은 어떠세요?

가 괜찮다. 서울은 춥지? 요즘 감기가 유행이라고 하니까 조심해라.

나 네, 걱정하지 마세요. 어머니께도 안부 전해 주세요.

듣기 지문

7과 4항 과제 1

1. (삐~) 제임스 씨, 안녕하세요?
   저는 한국말 선생님이에요.
   오늘 왜 학교에 안 왔어요?
   숙제 공책은 내일 저에게 주세요.

2. (삐~) 민철아, 나 미선이야.
   내일은 제임스 생일이야.
   이따가 리에와 같이 백화점에 선물을 사러 갈 거야.
   내일 리에한테 오천 원을 줘.

3. (삐~) 민철아. 나 리에야.
   내일 우리 등산을 가기로 했지?
   그런데 비가 와서 못 갈 것 같아.
   영수한테도 말해 줘.

4. (삐~) 민수야, 엄마다.
   지금 집에 없구나.
   날씨가 더워져서 여름 옷을 좀 부쳤다.
   내일쯤 도착할 테니까 받으면 집으로 전화해 줘.

5. (삐~)
   김 과장님, 전화했는데 안 받으시는군요.
   내일 회의가 취소되어서 연락드립니다.
   지금 출장 중인 직원들이 많아서 다음 주 월요일로 회의 날짜를 바꾸는 게 좋을 것 같습니다.
   월요일에 시간이 없으시면 연락해 주십시오.

8과 1항 과제 2

나는 의사이다. 오늘 병원에 배가 아파서 온 사람이 많았다.
제일 처음에 온 김민지 씨는 배탈이 나서 병원에 왔다. 친구 생일 파티에 가서 너무 많이 먹었다고 한다. 배에서 소리도 나고 설사도 여러 번 했다고 한다. 오늘 치료를 받았으니까 빨리 나았으면 좋겠다.
두 번째로 만난 이영수 씨는 식중독에 걸린 환자였다. 오래된 생선찌개를 먹었다고 했다. 그래서 물을 많이 마시고 몸을 따뜻하게 하라고 했다.
세 번째로 온 환자는 박준영 씨였다. 박준영 씨는 이틀 후부터 시험인데, 시험 전에는 꼭 배가 아프다고 했다. 요즘에는 스트레스 때문에 배가 아픈 사람이 많다. 이런 사람들은 몸을 따뜻하게 하고, 따뜻한 물을 마셔야 한다. 특히 스트레스에 대한 생각을 하지 않아야 한다.
마지막으로 최지현 씨는 일주일 동안 화장실에 가지 못해서 배가 아픈 환자였다. 그래서 최지현 씨에게 약을 주고 물을 하루에 1리터 이상 마시라고 했다.
모든 환자들이 다 빨리 나았으면 좋겠다.

듣기 지문

9과 4항 과제 2

1. 시간이 많지 않은 신혼 부부를 위해서 오키나와 신혼 여행을 소개합니다. 일본 속의 하와이라고 하는 오키나와! 아름다운 바다와 자연 속에서 두 사람만의 편안한 시간을 가질 수 있습니다. 그리고 일본의 역사와 문화도 느낄 수 있습니다. 두 사람의 새로운 출발을 오키나와에서 시작하십시오. 편안하고 즐거운 추억을 만들 수 있을 것입니다.

2. 서유럽 여행이 처음이시라면 짧은 시간에 여러 나라와 도시를 경험할 수 있는 상품, 유럽 5개국 10일 코스를 추천합니다. 서유럽의 다섯 나라 영국, 프랑스, 스위스, 이탈리아, 독일의 여러 도시를 구경할 수 있습니다. 여러 도시에서 특별한 식사와 여러 가지 경험을 할 수 있을 것입니다.

3. 풍부한 볼거리와 먹을거리를 가진 곳!! 싱가폴로 여러분을 안내합니다. 아름다운 섬에서 음악 분수 쇼를 볼 수 있고 저녁에는 배를 타고 바다로 나가서 중국의 전통 음악과 함께 중국 음식을 맛볼 수 있습니다. 배 위에서 보는 싱가폴의 야경은 잊을 수 없는 추억이 될 것입니다.

4. 서태평양 한 가운데에 있는 그림 같은 섬, 사이판으로 오십시오. 하루에 일곱 번이나 색이 바뀌는 아름다운 바다와 모래밭이 여러분을 기다리고 있습니다. 스쿠버다이빙을 즐길 수 있는 바다도 있고, 무인도 같은 분위기로 조용한 휴가를 즐길 수 있는 섬도 있습니다. 넓고 푸른 바다에서 수영도 하고 최고의 리조트에서 재미있는 시간도 보내십시오.

5. 동양과 서양의 문화를 볼 수 있는 아시아의 중심 도시 홍콩을 소개합니다. 여러 가지 쇼핑 센터가 있어서 사랑하는 사람들과 즐거운 시간을 보낼 수 있습니다. 그리고 밤에는 홍콩의 야경을 즐길 수 있습니다. 세계에 홍콩만큼 야경이 아름다운 도시는 없습니다. 짧은 휴가나 주말 여행을 원하시는 분들께 추천합니다.

10과 2항 과제 1

[보기]

아이가 한 명 더 생겨서 이제는 조금 넓은 집에서 살고 싶었어요. 그래서 35평인 아파트로 이사를 갔어요. 방이 3개, 화장실이 2개 있어서 살기 편할 것 같았어요. 이사를 온 후에 보니까 위층에 남자 아이가 2명 살고 있었어요. 그런데 집에서 너무 많이 뛰어 다니고 소리를 지르고, 자전거를 타는 소리도 나요. 너무 시끄러워서 우리 아기가 잠을 자지 못해요.

1. 저는 신촌에 하숙집을 구했어요. 처음에 부동산 소개소 아저씨와 집을 보러 갔을 때는 오후 3시였어요. 방이 아주 깨끗하고 하숙집 근처 동네도 아주 조용했어요. 그래서 저는 그 하숙집으로 이사하기로 했어요.
   그런데 이사를 한 후 문제가 시작됐어요. 저희 하숙집 근처에는 음식점과 술집, 노래방이 많아서 저녁부터 밤까지 너무 시끄러워요.

2. 저는 주택에 살았어요. 그런데 친구가 아파트에 사는 것이 편하다고 했어요. 근처에 있는 아파트에 가서 보니까 마음에 드는 집이 하나 있었어요. 그래서 이사를 하기로 했어요. 이사하는 날 이삿짐을 옮기려고 엘리베이터를 탔는데 2층에는 서지 않았어요. 무거운 짐을 가지고 2층까지 올라가는 것이 너무 힘들었어요.

3. 저는 어제 이사를 했어요. 포장이사였기 때문에 편하게 이사를 마쳤어요. 작은 짐을 정리한 후에 남편이 커피 한잔하자고 했어요. 그래서 물을 끓이려고 했는데 가스불이 안 켜지는 거예요.
   이사를 하다가 가스레인지가 고장이 났다고 생각했어요. 나중에 보니까 가스 연결이 안 되어 있었어요.

듣기 지문

4. 이사를 하고 나면 할 일이 많다고 생각했어요. 주소가 바뀌었다고 여기저기 연락을 하고 전화국에 갔어요.
   이사를 했으니까 새 전화번호를 받아야 한다고 생각했어요. 그런데 전화국에서는 같은 동네 안에서 이사를 했으니까 전화번호를 바꾸지 않아도 된다고 했어요.

5. 며칠 전에 하숙집을 구했어요. 지금까지 그 하숙집에 친구가 살았는데 고향으로 돌아가게 되어서 제가 살기로 했어요. 그런데 이사를 가서 보니까 반 지하 방이어서 햇빛이 잘 안 들어왔어요. 제가 항상 밤에 친구 집에 놀러갔기 때문에 햇빛은 생각하지 못했어요. 저는 밝은 것을 좋아하는데 어떻게 해야 할지 걱정이에요.

색인

- 문법 색인
- 어휘 색인

문법 색인

YONSEI KOREAN 2

어휘 색인

ㄱ